中国古代钱币铸造术语图解

中国钱币学会 中国钱币博物馆丛书

杨君 周卫荣 著

科学出版社

北京

内 容 简 介

本书针对中国古代钱币铸造领域专业用词混乱的现状，结合古代文献、文物和现代铸造术语，对中国古代钱币铸造领域术语进行了整理和规范。按照国家标准，进行了中英文术语对照和术语名词解释。同时收录了作者在模印范竖式直浇铸钱、叠铸法铸钱历程，以钱范考证更始五铢、梁五铢，以及翻砂铸钱起源等具体铸钱领域的重点研究成果，既是铸钱术语的具体学术应用示例，也是钱币铸造学分支学科长足发展的体现。最后还附录了石范铸钱、叠铸法铸钱、翻砂铸钱的具体流程。

值得关注的是，本书的最大亮点在于采用了高清专业图片对铸钱术语进行图解，图文并茂、一目了然，便于铸钱术语的推广和普及。适合考古工作者、博物馆从业人员、高等院校科研人员、钱币学会系统人士、收藏界人士等阅读参考。

图书在版编目（CIP）数据

中国古代钱币铸造术语图解 / 杨君，周卫荣著. 北京：科学出版社，2024. 6. --
（中国钱币学会中国钱币博物馆丛书）. -- ISBN 978-7-03-078825-2

Ⅰ. K875.6-64

中国国家版本馆CIP数据核字第20245WP568号

责任编辑：董　苗 / 责任校对：邹慧卿
责任印制：肖　兴 / 书籍设计：北京美光设计制版有限公司

科学出版社 出版
北京东黄城根北街16号
邮政编码：100717
http://www.sciencep.com
北京华联印刷有限公司 印刷
科学出版社发行　各地新华书店经销

*

2024年6月第　一　版　开本：787×1092　1/16
2025年2月第二次印刷　印张：15 1/2
字数：295 000

定价：198.00元
（如有印装质量问题，我社负责调换）

钱币铸造学是钱币学的分支学科，是现代钱币学学科体系不可或缺的组成部分。

一般说来，钱币学可按时间和空间维度，分为对不同历史时期和不同国家、地域的历史货币的研究。就具体钱币而言，从研究方面和角度出发，钱币学可分为钱币类型（版式）学、钱币形制学（即钱币美学）、钱币文字学、钱币铸造学、钱币鉴定（辨伪）学、钱币学史等分支学科。其中，广义的钱币铸造学还包括钱币铸造工艺研究、钱币铸造材料（合金）研究、钱币铸造器具研究、钱币加工工艺研究等层面。

中国古代钱币学属于传统金石学的分支，一般称"古泉（钱）学"。中国钱币学发端于六朝时期，顾烜《钱谱》是我国现存最早的钱币学作品，有辑佚本存世。宋朝洪遵《泉志》是现存最早的保存完整的钱币学著作，书中将收录的钱币分类为正用品、伪品、不知年代品、天品、刀布品、外国品、奇品、神品、压胜品等九类，是现今可以清楚了解的最早的钱币分类研究法，其中基本没有谈及钱币铸造方面的内容。中国早期钱币学的关注点仅在钱币品种的收集和梳理，还处于较为表面和原始的阶段，还没有确切的钱币铸造学的内容。

中国钱币铸造学的萌芽大致可以追溯到清朝乾嘉时期。乾嘉金石学兴起，古泉学作为传统金石学的组成部分得到了新的发展，该时期代表性的古泉学著作是翁树培（1765—1811）的《古泉汇考》。翁树培对存世叠铸铜范母进行了细致的探究，并尝试推演叠铸工艺铸钱的大致工艺流程。翁氏的这一开创性探索也得到了稍晚些的古泉学者鲍康（1810—1881）的关注。鲍康指出："范有阳文，有阴文，而阳文者居其九，每泉必一面一背，其冶铸之法，不外乎模蜡合土，翁氏《（古泉）汇考》言之最详。"[1] 鲍康将翁树培相关论述录入《观古阁泉说》："翁氏《汇考》云：树培按：泉范之制，就今所见者，谛审之，中大圜凸星如纽者，纽外或四出或六出，如枝之接花，每出必连一泉也，其上下左右又有小星，或长或圜或尖，凸凹牝牡相间，然其凸凹之高深，不过分许耳，其每泉之穿内亦各有小凸凹圜星（亦有无小星者），其高亦止与泉之轮郭平耳，而当中之大纽独高，与四边之高相等，因思譬有范二于此，两范相合，而此面当彼背，此牝当彼牡，此凸当彼凹矣。中纽既与边平，则两范相合处，四边相对，两纽相对，间不容发矣！然其内之小凸凹，其高深不及分许，虽相值而仍不能相合也。于是，先以蜡剂和匀，或用白芨水和黄土，置于此范之上而以彼范合之。俟蜡干解视，则泉文正者反，凸者凹矣，两纽相对则成透空圜孔矣，外四出六出之凸文亦成凹文矣，于是置此铜范不用而用此蜡模矣。然使仅此一蜡模也，尚不可以铸泉，盖一模虽具两面，而每面之泉只算作半面，而无背面以合之也。因思此模也，其上下左右之小牝牡处，亦既牝成牡，凸成凹矣。当蜡模之就范也，则有外边以限之，中纽以穿之，迨蜡模解下，则中为透孔，上下左右更无外边，全赖此小牝牡凸凹为之对笋（通'榫'）合缝矣，故必须再印一蜡模与此蜡模相合，则小牝牡凸凹处相合适，均而无欹侧之虞，其中大纽相对，则仍一透孔也，其四出六出相合皆成凹文而中空矣，其泉之背面相对亦中空矣。如此之蜡模印出者，不知凡几，率皆两两比附，叠相配合，叠至数十模而其中穿孔之透空如故也，其四出六出中空者，直达于泉，泉之穿内又有小星限之，乃以铜汁自中穿孔灌入，而泉成矣。……培又疑者，今所见古泉范皆六朝以前泉耳，何以唐宋以后之泉范绝无一遇者？！盖不用此范制矣。"[2] 此段文字使翁树培成为钱币学发展史上第一位详尽推究叠铸工艺铸钱的学者。翁氏根据存世叠铸铜范母，大致勾勒出了古代叠铸工艺铸钱的过程，基本符合古人铸钱的实际。不过文中所说的"蜡模"是不对的，思之，盖因当时出土叠铸遗物太少，翁氏未能具体有所见，再加乾嘉以来，古玩界流行"蜡模"法（失蜡工艺）铸器（复制古器物），故翁氏会有此说法。此外，翁氏没有谈到模印好的范片两两相对叠置起来后要糊草拌泥，做成整体的"范包"，因为，如若缺少此步骤，"范包"经受不住高温铜液的冲击，不仅范片会移位，浇注的铜液还会从范片间的缝隙中溢出"跑火"，而难以铸造成功。再者，泥质范包在浇铸前要有阴干焙烧去除水分变为陶质范包之过程，才可实现浇铸。但客观地说，翁树培推导的叠铸工艺铸钱的大致过程和步骤还是正确的，是古泉学者对中国古代铸钱工艺非常可贵的探索。翁氏该段叠铸法铸钱的文字可视为中国古代钱币铸造学的滥觞之作！

清代中后期涌现了一大批古泉学者，许多学者在其著作中收录铸钱模范，这是钱币铸造学萌芽发展的重要标志。模范是最重要的钱币铸造器具，"模"是"范"之母，也称"范母"；古代的"范"有直接铸钱的铸范，也有铸造金属范或金属范母的"陶母范"。古代遗留下来的铸钱模范是了解揭示古代钱币铸造工艺的重要物证和线索。李佐贤（1807—1876）的《古泉汇》《续泉汇》是当时古泉学的集大成之作，收录有众多铸钱模范。"《续泉汇》补载泉范至百十七枚，合前编（《古泉汇》）计之近二百许，从来无此巨观！"[3]鲍康则对所见铸钱模范进行了梳理和思考："余所见阴文泉范，有铜有铁有石，其制率如版，多者数十泉，少亦不下十余泉，字皆反文，以铸就则正文也。阳文铜范，其制率如盘，少或一泉，多或四泉，皆一面一背；惟半两背平无郭，不用背范，有多至八九泉及三十余泉者，字皆正文，以尚须模蜡合土故也。新莽泉制最精，其范多用阳文，不惮模蜡合土之劳；阴文大泉范仅一见，亦复不致，疑已非莽初制矣！道光壬寅、癸卯间（1842—1843），长安城西掘得五铢泥范甚多，惜残缺无复全者。余收得八九枚，制有若砖，皆正文凸起而无背文，惟泥质弗坚，字画不无剥蚀，纵横罗列多或至四五十泉。其为阳文也同，其为用也应亦同，而泉乃逾之十倍，视如盘小铜范劳逸殆迥殊！泉之穿上辄作一横文。复得小五铢泥范一角，亦正文凸起，穿上作一横文，应系一朝之制。"[4]鲍康所言"五铢泥范"，由于清晰地记载了出土时间、出土地点、"泥范"的钱文形制特点及布局等信息，可以明确地认定这些五铢泥范的性质为"铸金属范之陶范"，即是用来铸造金属范的陶母范。这批长安城西五铢泥范"泉之穿上辄作一横文"，所铸钱币应为"穿上横郭"标记的五铢钱，这种"穿上横郭"类型的五铢钱自西汉铸"郡国五铢"时就已出现，并成为上林三官五铢的主流版式之一，主要由上林三官中的"技巧"官铸造，铸行于汉武帝、汉昭帝、汉宣帝、汉元帝（汉成帝初年裁撤三官，仅保留钟官铸钱）等时期。需要指出的是，鲍康认为的这种陶母范与叠铸铜范母同为阳文，推测"其为用也应亦同，而泉乃逾之十倍，视如盘小铜范劳逸殆迥殊"，却是错误的。该陶母范对应的是金属范铸钱工艺，圆盘状铜范母对应的是叠铸法铸钱工艺，两种工艺的"劳逸"已有定论，叠铸法铸钱是古代范铸法铸钱后期的主流工艺，铸钱效率优于金属范铸钱，鲍康却因为陶母范上钱币多十倍，而想当然认为此种铸钱应更有效率。这主要是因为彼时人们对叠铸工艺的具体过程还缺乏了解之故，这种认知的局限也是由于中国古代钱币铸造学处于萌芽期的特点决定的。鲍康此段文字还记录了一种"小五铢泥范"的信息，并判断与大五铢泥范"应系一朝之制"，其相关记载极具史料价值，其观点则显示出极高的史识。原来，这种"小五铢"虽精整，却极小，过去的古钱学者多将其认定为六朝的"鸡目五铢"，直至新中国考古工作者在汉宣帝杜陵发掘出的小陶俑身上围裹着这种小五铢，才知道此种钱原来是西汉时期的冥币。

　　鲍康还列举了其稍前的古泉学者对铜范铸钱的不同认识："而张叔未（张廷济，号叔未，1768—1848）、戴醇士（戴熙，字醇士，1801—1860）又以阴文者不可用，若镕铜入范，则范必销，至云二者可以聚讼，不知皆昔人鼓铸之所需也。"[5]指出张廷济和戴熙都认为阴文铜范不能铸钱，而鲍康则坚称古人肯定使用过阴文铜范铸钱。我们在欣赏鲍康识见的同时，对张、戴二氏的观点要做进一步的分析。张、戴二人认为，高温铜液若浇注到铜范上，铜范必然遭到毁坏而不能铸钱。从这种表述来看，他们是见过或者做过这种尝试的，应该说也是具有相当的探索求知意识的，但是，"行百里者半九十"，他们没有看到事情的全部，问题的关键在于铜范在浇注前要做好隔离层，若没有隔离层，铜液浇在裸露的铜范上必然使得浇注部位合金化，铜范与铜液熔结在一起，并毁坏铜范。中国钱币博物馆、中国科学院大学和鄂州市博物馆等单位曾联合做过铜范铸钱的模拟实验，也遇到过同样的问题，直到用动植物油脂炭化作铜范的隔离层，才成功完成了模拟实验，课题组《研究简报》总结："铜范可以直接铸钱。铜范铸钱的关键是铜水不能与范体直接接触，要有隔离层；隔离层必须超薄、坚固、耐高温。"[6]

　　鲍康对当时藏家的某些钱范的真伪判断也出现过失误："余作《范说》谓：列国布暨秦半两独无范，故字体鲜有复者，寿卿（陈介祺，字寿卿，1813—1884）藏范至百有二十，拓寄则有秦半两土范二[7]，皆只阴文一泉，殊精好，但秦中所出五铢土范，率皆阳文，若阴文土范尤易作伪，胡石查（胡义赞，字叔襄，号石查，1831—？）即曾戏为之（见所做秦半两土范甚致）。四铢半两虽有铜范而字体亦百出不穷，孙春山最留意于是，拓示所藏，析及一点一画，多至数十种，或当时铜范初行，仍不免画沙抟泥所铸，至五铢专用铜范，遂截然成一律矣。"[8]对陈介祺所藏只有一枚阴文钱腔的秦半两土范叫好。其实，此类钱范并不合铸造原理，应系赝品，鲍氏稍后的古泉学者饶登秩在其《古欢斋泉说》中就明确指出其伪："又有秦半两砖镕一枚，仅列一钱，无流道，不能铸也，砖镕最易作伪，必好事者偶尔游戏，非真镕也，此皆陈寿卿藏器，或寿卿先生老眼偶花，为其所眩，而《泉汇》不加细考，仅据拓本载之。"[9]饶登秩从铸钱原理来分析鉴定钱范真伪，的确是抓住了钱范等铸造器具辨伪的关键，显示了独到的见识。更值得称道的是，饶氏依据铸造原理，对当时收藏界追捧的齐大刀铜范母提出了质疑："《泉汇》又载齐刀镕一品，其流道居正中，铜由上入，如半两大泉货泉小镕之制，按齐刀皆由环下进铜，今之存刀可验，如铜由中间输入，流道既不畅，则行汁迟滞，必有不满之弊，断难成刀，是则此镕之可疑也。"[10]指出存世齐大刀实物都是浇口在刀环上，《古泉汇》所载齐大刀铜范母虽与存世的半两钱、大泉五十和货泉铜范母的设计布局相似，但由于齐大刀刀体过长，反而难以铸成。饶登秩大致是钱币学界第一个明确对齐大刀铜范母说不的人，仅此一点，便足让人钦服！可惜，饶登秩和他的《古欢斋泉说》似乎没有得到更多的重视，古钱学界仍约定俗成般地认定齐大刀铜范母为真品，且为最早的叠铸工艺铸钱遗物，直到 21 世纪初，周卫荣撰《齐刀铜范母与叠铸工艺》[11]，以现代科学的视角和论证，才比较彻底地将齐大刀铜范母论定为赝品。

民国时期，古泉学开始逐步脱离传统金石学的藩篱，向科学的钱币学演进。丁福保主持编纂的《古钱大辞典》是民国钱币学的扛鼎之作。该时期，钱币学大兴，出现了学术社团并出版钱币杂志，以"中国古泉学会"及其会刊《古泉学》、"泉币学社"及其会刊《泉币》为代表。其中，1936年成立的中国古泉学会《本会简章》称"本会以阐明古泉学识，研究古泉制作，鉴定真赝、辨别时代，启人好尚之心为宗旨"[12]，明确以古钱币的制造工艺作为研究对象。1940年，张絅伯在泉币学社《泉币》杂志《发刊辞》中指出："往昔泉币，视同小道，列诸金石之旁门。迹涉荒诞，不脱旧谱之陋习。忽略制作，偏重文字，斤斤于色泽肉好，戚戚于珍常多寡，范围狭隘，学识疏陋，无多取焉。方今泉币一门，成为独立专门科学，应作有系统之推讨，谋划时代之进步，因知泉币莫非历代日用通货，物之平凡通常，无过于此，而性质之神妙玄奥，原理之错综复杂，种类之繁富伙颐，变化之万绪千端，亦未有过于泉币者也。"[13]在此，张絅伯振聋发聩地喊出：民国时期的钱币研究正在成为独立的学科门类，钱币学"要在详稽实物，参证史志，按诸货币原理，以究其制作沿革，变迁源流，利病得失之所在，治乱兴替之所系"[14]。此中，张氏也清晰地指出研究钱币制造工艺及其演变是钱币学学科的重要内容，即钱币铸造学是钱币学的重要分支学科。张絅伯是近现代最早呼吁建设科学的钱币学学科的钱币学者。

1935年，南京通济门外出土了一批南朝萧梁时期的铸造铁五铢的叠铸陶范，钱币学者郑家相敏锐地购藏了大量的叠铸陶范，"计先后所获，未分者八十余段，已分者八百余片……得百十六种"[15]。因为意义重大，郑家相题自己斋号为"梁范馆"。根据发现的出土遗物，郑家相当时就考证出是萧梁铸造五铢铁钱的陶范。该批陶范后被郑家相和其家人先后捐赠南京博物院、上海博物馆等机构，得以留存至今。郑家相保存和研究该批古代铸钱遗物，厥功至伟！

1949年后，彭信威出版《中国货币史》，是新中国货币史、钱币学领域的代表性著作。该书侧重货币史，对钱币铸造学关注较少。郑家相发表《历代铜质货币冶铸法简说》[16]，对陶范铸钱、石范铸钱、铜范铸钱、叠铸法铸钱、母钱翻砂法铸钱等中国古代的主要铸钱工艺类型大致进行了梳理，虽不免有缺漏和错误，但仍不失为一篇现代科学意义上的钱币铸造学论文，该论文是新中国前三十年钱币铸造学研究最高成就的代表。

改革开放后，中国钱币学蔚然兴起。1982年，中国钱币学会成立；1983年，中国钱币学会创办会刊《中国钱币》，是该时期钱币学发展的标志性事件。中国钱币学各个分支学科蓬勃发展，钱币铸造学的突飞猛进尤其引人关注。

中国古代钱币的合金成分分析一度成为显学。周卫荣著《中国古代钱币合金成分研究》，科学地揭示了中国历代古钱币的合金成分，构建了中国古钱币的合金成分数据库，并就黄铜铸钱的技术演变进行了重点考证，该成果具有广泛的国际影响力。

　　中国钱币学会、中国钱币博物馆以科技考古理念，采用模拟实验的方法对中国古代石范铸钱、铜范铸钱、陶范铸钱、萧梁叠铸法铸钱、蚁鼻钱铸造工艺、翻砂法铸钱等主要铸钱工艺进行验证，摸清了中国古代主要铸钱工艺的技术细节，极大地推动了中国钱币铸造学的发展。相关成果汇集成专著——《中国古代钱币铸造工艺研究》，该书成为改革开放以来中国钱币铸造学的代表性著作。

　　在中国钱币铸造学发展日新月异的今天，铸钱术语混乱的历史遗留问题依然严峻，编纂出版《中国古代钱币铸造术语图解》，以高清图片图解铸钱术语，有图有真相，以期图文并茂，雅俗共赏，庶几有裨益于铸钱术语之规范。在该书行将付梓之际，撰写《中国钱币铸造学发展历程概述》，详古略今，代为前言，求证于方家。

周卫荣　杨　君

2024 年新春于北京西交民巷 17 号

注释：

[1]　（清）鲍康：《观古阁泉说》，同治十二年（1873年）癸酉秋七月歙鲍氏开雕，第20页。

[2]　（清）鲍康：《观古阁泉说》，同治十二年（1873年）癸酉秋七月歙鲍氏开雕，第23—25页。

[3]　（清）鲍康：《观古阁泉说》，同治十二年（1873年）癸酉秋七月歙鲍氏开雕，第16、17页。

[4]　（清）鲍康：《观古阁泉说》，同治十二年（1873年）癸酉秋七月歙鲍氏开雕，第22、23页。

[5]　（清）鲍康：《观古阁泉说》，同治十二年（1873年）癸酉秋七月歙鲍氏开雕，第21页。

[6]　"中国古代范铸法铸钱工艺模拟实验研究"课题组：《中国古代范铸法铸钱工艺模拟实验研究简报》，《中国钱币》2005年第1期。直至2004年课题组做模拟实验成功之前，冶铸史界尚有不少学者认为铜范是翻泥范用的，不能直接用于铸钱。

[7]　（清）李佐贤、鲍康：《续泉汇》（贞集卷二），光绪纪元乙亥（1875年）八月刊成，第3页。

[8]　（清）鲍康：《观古阁泉说（从《续丛稿》录出），《观古阁泉说》，同治十二年（1873年）癸酉秋七月歙鲍氏开雕，第7页。

[9]　（清）饶登秩：《古欢斋泉说》，《古泉学》（第一期），人文印书局，1936年，第38页。

[10]　（清）饶登秩：《古欢斋泉说》，《古泉学》（第一期），人文印书局，1936年，第38页。

[11]　周卫荣：《齐刀铜范母与叠铸工艺》，《中国钱币》2002年第2期。

[12]　中国泉币学会：《本会简章》，《古泉学》（第一期），人文印书馆，1936年，最后一页。

[13]　张绹伯：《本志发刊辞》，《泉币》（第一期），上海书店，1988年，第3页。

[14]　张绹伯：《本志发刊辞》，《帛币》（第一期），上海书店，1988年，第3页。

[15]　郑家相：《梁五铢土范图说叙言》，《泉币》（第七期），上海书店，1988年，第35、36页。

[16]　郑家相：《历代铜质货币冶铸法简说》，《文物》1959年第4期。

前言——中国钱币铸造学发展历程概述

CONTENTS

铸钱图

第一章（Chapter 1）

钱币铸造术语及图释

Terminology and Illustrations of Coin Casting

横印钱母

第一节　范围（Scope）

　　本标准规定了描述、研究中国古代钱币铸造材料、钱币铸造合金、钱币铸造工具装备（器具）和钱币铸造工艺等方面的基本术语和定义。

　　本标准适用于中国古代钱币铸造的研究著作、论文、科普作品的撰写以及文献翻译等。

1 钱币铸造【铸钱】（coin casting）

　　熔炼金属，制造钱范、砂型，将熔融金属浇入钱范、砂型，凝固后获得具有一定形状、尺寸和性能钱币铸件的成形方法。中国古代铸造钱币工艺（图 1-1、图 1-2）不同于古代西方世界的打制钱币工艺，是世界古代钱币制造工艺的东方代表。

图 1-1　《天工开物》铸钱图之一

图 1-2　《天工开物》铸钱图之二

2 铸钱工艺（coin casting process, coin casting technology）

应用铸钱的有关经验和知识生产钱币的技术和方法。包括范型材料制备、制范造型、金属熔炼、浇注和凝固控制等。广义上的铸钱工艺包括毛坯钱币的修整加工工艺。

3 铸钱工【铸钱匠】（coin caster, coin founder）

历史上从事钱币铸造的手工业者。翻砂铸钱时期，按具体工种可分为"匠头""翻沙匠"（《工部厂库须知》中称"做模铸匠"[1]）"滚剉（锉）匠""磨洗匠""刷灰匠"等。

相关铸钱文献及解读

《条陈鼓铸事宜》记载："其收钱每五千文为一锭，上用行牌写炉头、匠头及细钱人姓名，各堆一处，听督铸官照炉抽验。遇有漏风、缺边、缩字等样，细钱人重责。钱轻色淡者责匠头，沙眼多者责翻沙匠，边粗糙者责滚剉匠，磨不亮者责磨洗匠，灰不净者责刷灰匠。选退钱捶碎回火。如犯前弊多者责炉头，仍发看钱人挑选，通同容隐看钱人重责。如是则钱制既精，淆杂自难。若当五、当十等钱，镕造似易，工本较省，然私铸者竞为捷趋，识微者谓非久道不铸可也。"[2]该文献是明代崇祯时期户部尚书侯恂关于铸钱的条陈，当时铸钱局每炉设"炉头"，为工匠之首，有管理铸钱工序和铸钱工匠之责。"匠头"负责母钱大小形制、铸钱合金配比等；"翻砂匠"负责钱币翻砂造型；"滚锉匠"负责钱币锉边、滚边；"磨洗匠"负责钱币表面平整打磨；"刷灰匠"负责刷除钱币上的残砂余灰。

《石渠余记·记户部局铸》记载："案康熙间铸造黄钱，其工有八，曰看火、翻砂、刷灰、杂作、锉边、滚边、磨钱、洗眼。治之各以其序，而务极其精。"[3]文献中记载，清代康熙年间铸钱工种有：看火匠、翻砂匠、刷灰匠、杂作匠、锉边匠、滚边匠、磨钱匠、洗眼匠等八种。

4 铸钱作坊（coin foundry）

历史上铸造钱币的场所（图1-3、图1-4）。

图 1-3　陕西西安相家巷出土西汉上林三官技巧铸钱机构之"巧"字建筑用砖[4]（砖宽 152 毫米）

图 1-4　古陶文明博物馆藏西汉上林三官技巧铸钱机构之"技巧火丞""技巧钱丞"封泥及拓片

5 模（pattern, model or mold）

"模"在历史上演变出两个读音，即 mó 和 mú，分别指不同性质的模范关系。

其一，模 读 mó 时，指 模 样（pattern, model），是模最初的含义，即拟铸造钱币的样子。在范铸法时代，多指用来模印的祖模、母模、范母，用来翻制钱范，再用钱范铸钱；在翻砂法时代，多指祖钱（雕母）、母钱，用来翻制砂型，再用砂型铸钱。钱模工作流程中不接触熔融金属液，钱范、砂型则要承接熔融金属液来铸钱。模不一定都是阳文，金属范铸钱的石质祖模就是阴文。古代铸钱的钱模有范铸法铸钱时的石祖模（图 1-5、图 1-6）、金属范母（图 1-7）等，有翻砂法铸钱时的祖钱（雕母）（图 1-8）、母钱（图 1-9）等。

其二，模 读 mú 时，指铸范、铸型（砂型）（mold），直接用来铸造钱币。模 mú 的读音出现时间晚于模 mó 的读音，是后世模范关系淆乱的产物。

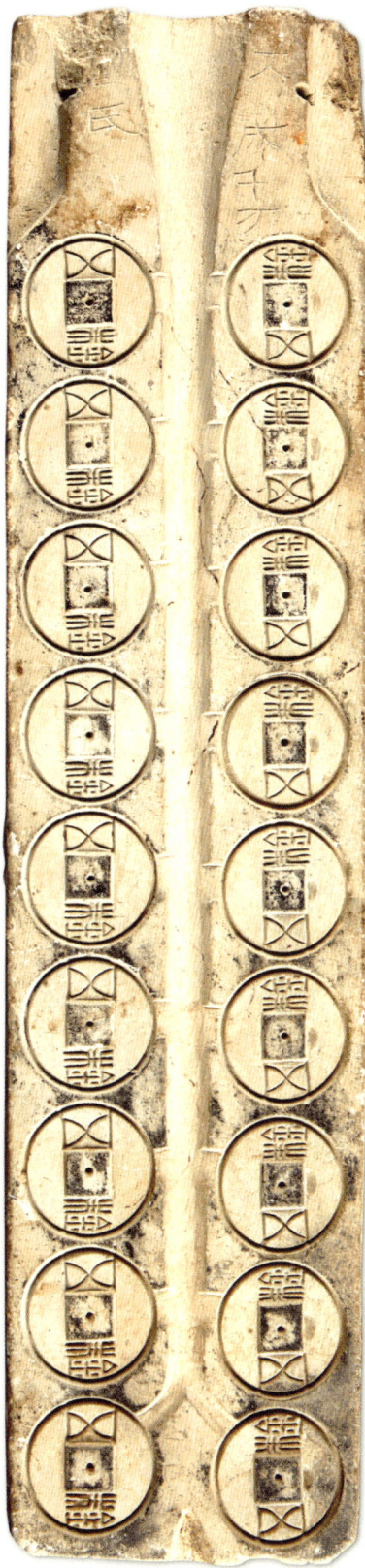

图 1-5 陕西历史博物馆藏西汉"郡国五铢"石祖模
（模长 305、宽 75、厚 34 毫米，钱腔直径 27 毫米）

图 1-6　陕西历史博物馆藏西汉"郡国五铢"石祖模局部放大图

图 1-7　中国钱币博物馆藏新莽 "大布黄千" 铜范母（长 82.6、宽 80.8 毫米）

（放大）

图 1-8　中国钱币博物馆藏清 "嘉庆通宝" 宝泉局雕母及放大图（钱径 27.1、厚 1.5 毫米，重 5.9 克）

图 1-9　中国钱币博物馆藏清 "咸丰通宝" 宝泉局小平母钱及放大图（钱径 22 毫米，重 4.1 克）

（放大）

相关铸钱文献及解读

《旧唐书·食货志》记载："其郴、衡私铸小钱，才有轮郭，及铁锡五铢之属，亦堪行用。乃有买锡镕销，以钱模夹之，斯须则盈千百，便赍用之。"[5] 文献中的私铸钱币工艺，与《天工开物》之"倭国造银钱"呈现的技术相似，应是用雕刻或铸造有钱币范腔的铁质模具进行熔融金属液的夹取和冷却，来制造钱币（图1-10）。

《宋史·食货志》记载："八年，诏河东铸钱七十万缗外，增铸小钱三十万缗。于是知太原韩绛请仿陕西令本重模精，以息私铸之弊。"[6] 文献中指出的"本重"指所铸铜钱的青铜合金成色和重量充足；"模精"指母钱（读mó）精致，或翻砂砂型（读mú）精整。

《宋史·食货志》记载："又诏秦凤等路即凤翔府斜谷置监，已而所铸钱青铜夹锡，脆恶易毁，罢之。然私钱往往杂用，不能禁，至是法弊，乃诏禁私钱，在官恶钱不堪用者，别为模以铸。"[7] 文献中的"模"解读为母钱（读mó），较为合适，也有指用新式母钱翻砂的砂型（读mú）的可能性。

6 范（mold, hard mold）

刻制、模印或铸造出来的，用来铸造钱币的包括钱腔和浇注系统的铸造材料，用来承接熔融金属液，凝固后开范可获取钱币铸件。范是直接承接熔融金属液来铸钱的铸造器具。历史上的钱范按材质可分为陶范（图1-11—图1-13）、石范（图1-14、图1-15）、铜范（图1-16—图1-18）、铁范（图1-19）等。范是范铸法铸钱的核心词。范不一定都是阴文，铸造金属范的陶母范（图1-20、图1-21），就是阳文。正确的模范关系即模是范之母，范是钱币铸件之母。

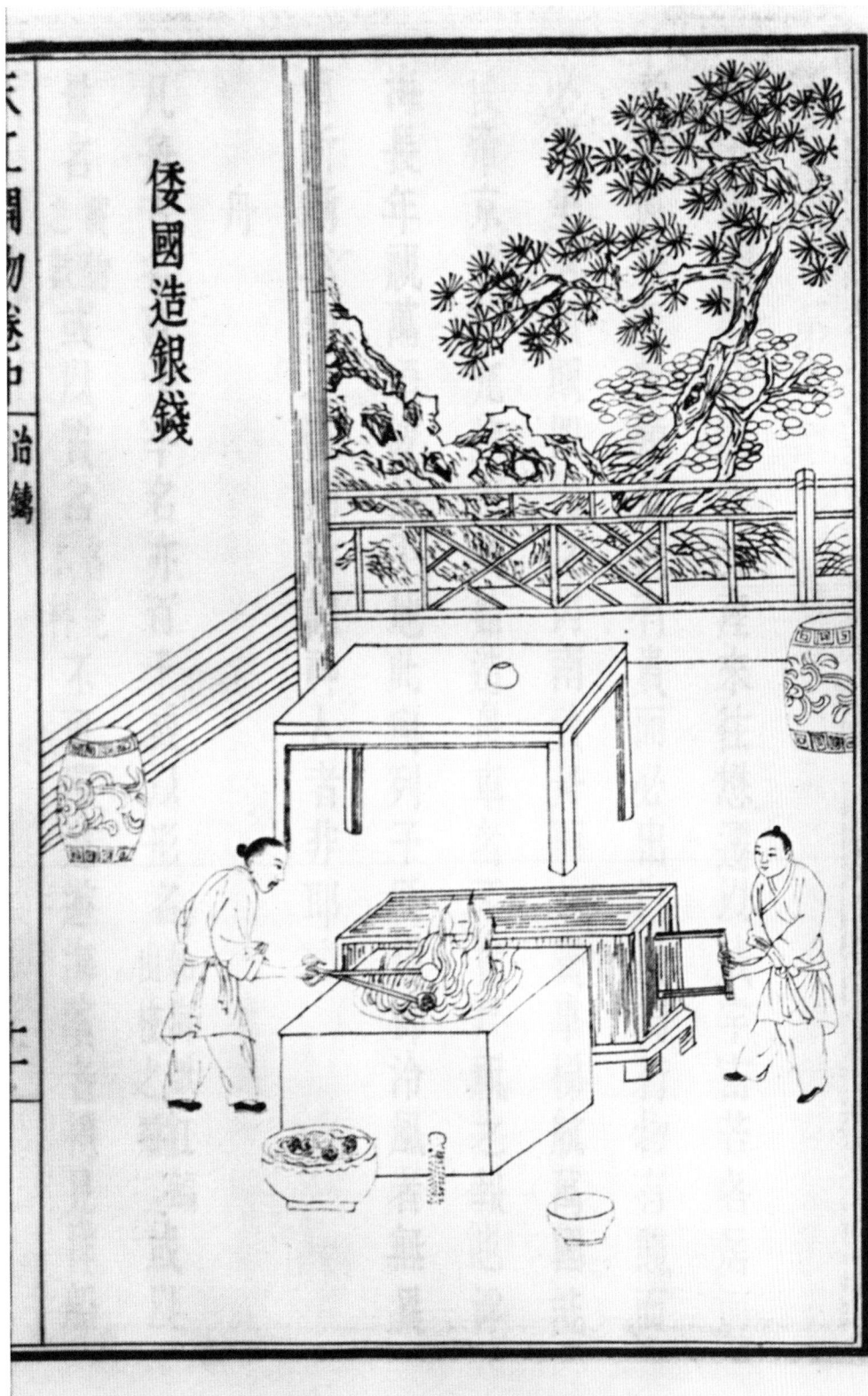

图 1-10 《天工开物》之"倭国造银钱"

图 1-11   河南省文物考古研究院新郑考古工作站藏早期空首布陶范

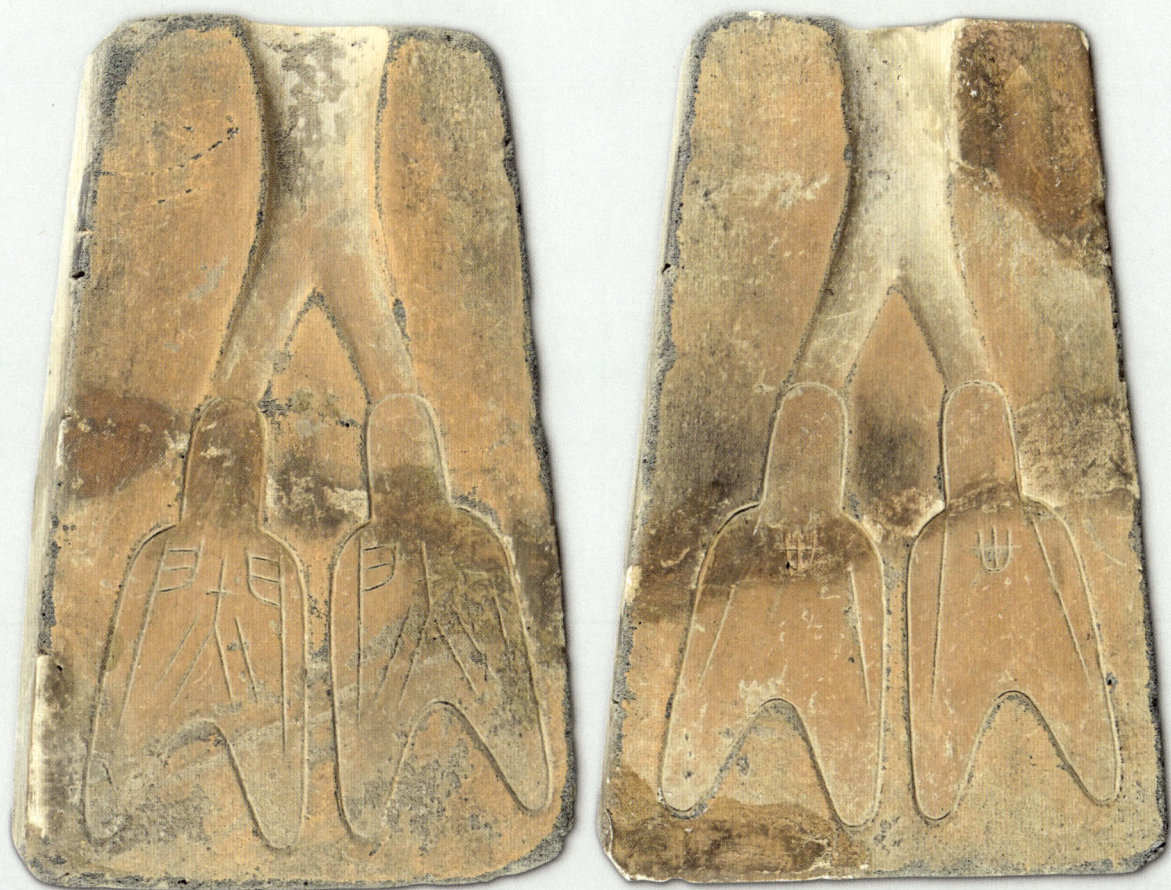

图 1-12 河南省钱币博物馆藏先秦"蔺"圆足布陶范

图 1-13　河北石家庄灵寿故城遗址出土燕明刀陶范

图 1-14 内蒙古包头出土"安阳"方足布石范（钱腔长约 5 毫米）

图 1-15　河北石家庄灵寿故城遗址出土圆足布石质背范

图 1-16 安徽繁昌县博物馆藏楚国蚁鼻钱铜范

图 1-17　陕西西安户县出土新莽"一刀平五千"铜范（范通长290、宽190毫米，钱腔通长77毫米，环首直径30毫米）

图 1-18 陕西西安户县出土新莽"一刀平五千"铜范背图

图 1-19　陕西钱币博物馆藏新莽"大泉五十"铁范（钱腔直径约 29 毫米）

图 1-20　山西出土西汉"郡国五铢"陶母范（钱径约 27 毫米）

图 1-21　河南南阳出土新莽
"大泉五十"陶母范（钱径约
29 毫米）

7 型（mold）

古时"型"与"范"意义相近，是用耐火材料制成，承接熔融金属液制造铸件的铸范。因其土字部首，最初的字义应是陶范。

近现代翻砂铸造中，称模印型砂（图1-22）制成的铸型为砂型，即"型"的含义由指代古代硬质陶范，变成了指代反复打碎使用的软质砂型。古代的模范关系，变成了近现代的模型关系。中国古代的铸钱业发明了翻砂法，该工艺延续至今。谈中国古代翻砂铸钱，术语用"铸型""砂型"等，与现今翻砂铸造术语一致。

相关铸钱文献及解读

《荀子·强国》记载："刑范正，金锡美，工冶巧，火齐得，剖刑而莫邪已。"[9] 文献中的"刑"即"型"，指铸造青铜剑的陶范。

《淮南子·修务训》记载："夫纯钩、鱼肠剑之始下型，击则不能断，刺则不能入，及加之砥砺，摩其锋锷，则水断龙舟，陆剸犀甲；明镜之始下型，蒙然未见形容，及其粉以玄锡，摩以白旃，鬓眉微豪，可得而察。"[10] 文献中的"型"，指铸造青铜剑、青铜镜的陶范。

图 1-22 翻砂作坊中的型砂

8 镕【容】（metal mold）

古代铸钱的金属范（图 1-23、图 1-24）或金属范母，按材质主要有青铜质、铁质等。现代铸造工艺中多称为"金属型"。

图 1-23 安徽池州出土"秦半两"铜范范背
（通长 228、底部宽 135 毫米）

《睡虎地秦墓竹简》记载："某里士五（伍）甲、乙缚诣男子丙、丁及新钱百一十钱、容（镕）二合，告曰：'丙盗铸此钱，丁佐铸。甲、乙捕索其室而得此钱、容（镕），来诣之。'"[1] 文献中的"容（镕）二合"，即两套铸钱钱范。该"容"应是直接铸钱的金属范，此时（竹简的时代为战国末期至秦）铁器尚未普及，大概率是私铸半两钱铜范。

《汉书·食货志》记载："孝文五年，为钱益多而轻，乃更铸四铢钱，其文为'半两'。除盗铸钱令，

图 1-24 安徽池州出土 "秦半两" 铜范 [12] 范面（通长 228、底部宽 135 毫米）

使民放铸。贾谊谏曰:'恃今农事弃捐而采铜者日蕃,释其耒耨,冶镕炊炭,奸钱日多,五谷不为多。'"东汉应劭集解《汉书》:"应劭曰:'镕,形容也,谓作钱模(mó)也。'"[13]贾谊进谏汉文帝,正是四铢半两铸行之时,现存四铢半两模范有石范、金属范和铜范母等,贾谊谏文中"冶镕炊炭"之"镕"可能是金属范(图1-25),也可能是铜范母(图1-26、图1-27)。东汉应劭时,官方五铢钱都是叠铸法铸钱,应劭理解的"镕"应是铜范母,即应劭注解的"作钱模(mó)"。

图 1-25　长治市钱币学会藏西汉"四铢半两"铁范及局部放大图（钱径约 25 毫米）

图 1-26   中国国家博物馆藏西汉"四铢半两"铜范母（钱模直径 24 毫米）

图 1-27   陕西钱币博物馆藏西汉"四铢半两"铜范母（钱模直径 24 毫米）

9 范铸法铸钱 （coin casting with hard molds）

用钱范等材料工具来铸造钱币的方法和过程。中国古代铸钱分为范铸法铸钱和翻砂法铸钱两个阶段。范铸法铸钱起源于中国古代青铜器范铸法（图1-28—图1-31），是中国古代铸钱前期阶段的代表性工艺，到南北朝时期被翻砂法铸钱取代。范铸法铸钱分为块范铸钱和叠铸法铸钱两种类型，叠铸法铸钱出现时间晚于块范铸钱，在范铸法铸钱后期成为铸钱工艺的主流。块范铸钱和叠铸法铸钱工艺在相当长的历史时期内并存。

图 1-28 山西侯马出土东周带钩范

图 1-29　山西侯马出土东周车害范

图 1-30　山西侯马出土东周青铜贝陶范

图 1-31　山西出土东周青铜贝（均长 22、宽 16 毫米）

10　翻砂法铸钱（coin casting with sand molds）

用型砂、母钱、浇道模等材料工具制造砂型，来铸造钱币的方法和过程。翻砂法铸钱的核心是母钱翻砂。翻砂法铸钱起源于南北朝时期，是中国古代铸钱后期阶段的主要铸钱工艺（图 1-32）。

11　钱币铸件【毛坯钱币】（rough coin casting）

带有完整浇注系统和铸钱的钱树（图 1-33），或是从钱树上掰离，带有明显的铸柄茬口和飞翅的铸坯钱币。

12　钱炉【炉】（furnace of coin casting）

古代铸钱用熔炉。中国古代铸钱的历史中，"炉"逐渐演变成表述铸钱规模的单位名词，每一"炉"都有一批工种完整的铸钱匠人，为首的称"炉头"。

13　卯（mao）

指官府铸钱机构的开铸期限，以一期为一卯，后来演变为一期铸钱的数额，且数量有变化。历史上曾有每卯定额铸钱"12880 串"等数额的规定。

图 1-32　早期翻砂法铸钱实物——北魏"永平五铢"之拨砂过度钱
（左上枚钱径 24 毫米）

图 1-33 陕西钱币博物馆藏北周"五行大布"钱树（钱径约 28 毫米）

《石渠余记·记户部局铸》记载："国初，户部年铸三十卯（原书注：以万二千八百八十串为一卯），遇闰年加三。康熙、雍正两朝各增十卯，乾隆六年增二十卯，次年增勤炉十座，年铸六十一卯，得钱六十九万余串。十六年以后因余铜加铸，至三十八年定为七十五卯，岁得钱九十三万串有奇。末年裁勤炉，复铜六铅四之制，仍为三十卯。嘉庆初年渐复，五年设俸炉，铸搭京俸。后铜铅不敷，亦旋减旋复。自国初以来，皆户部铸二，工部铸一，今则例宝泉局正炉之外，有勤炉、俸炉加铸，岁出钱百十三万串，闰加四万串。宝源局有勤炉，岁出钱五十三万串，闰加四万串，各有奇。……《通考》案铸钱之期曰'卯'，宋以后始有画卯、点卯之名，盖取其时之早，相沿既久，遂以一期为一卯。"[14]

14 官铸（official coin casting）

官府铸钱机构铸造钱币，所铸钱币符合官方规定的标准。如上林三官铸钱（图1-34—图1-38）等。明清时期，官府铸钱局往往私下铸造轻小钱币混入流通，属官方非法铸造，称"局私"。

图 1-34　上林三官五铢之汉武帝五铢
（钱径 26 毫米）

图 1-35　上林三官五铢之汉昭帝五铢
（钱径 25.5 毫米）

图 1-36　上林三官五铢之汉宣帝前期五铢
（钱径平均 26.2 毫米）

图 1-37　上林三官五铢之汉宣帝后期五铢
（左枚钱径 26 毫米，右枚钱径 25.6 毫米）

图 1-38　上林三官五铢之汉元帝五铢
（左枚钱径 26.2 毫米）

知识窗：上林三官五铢

　　自汉武帝上林钟官、技巧、六厩三官铸钱，西汉中后期沿袭，直到"成帝建始二年（公元前31年）省技巧、六厩官"[15]，上林三官仅留钟官铸钱。细分上林三官铸五铢钱，可分为汉武帝五铢、汉昭帝五铢、汉宣帝五铢、汉元帝五铢和汉成帝五铢等。分期的主要依据是出土带纪年铭文的五铢陶母范，以及特定的窖藏钱币遗存。

　　需要指出的是，上林三官的认定经历了三个阶段：《汉书·百官公卿表》记载了掌管上林苑的水衡都尉属官："水衡都尉，武帝元鼎二年初置，掌上林苑，有五丞。属官有上林、均输、御羞、禁圃、辑濯、钟官、技巧、六厩、辩铜九官令丞。"[16]后世受集解等的影响，一般将"钟官""辩铜""均输"认定为"上林三官"；近代以来，陈直、钱剑夫根据已披露的"钟官钱丞""钟官火丞""技巧钱丞"等封泥，推测"钟官""技巧""辩铜"为可能的"上林三官"；直到1997年，发现了长安城遗址出土的"六厩钱丞""六厩火丞""技巧火丞"等新见封泥，党顺民、吴镇烽撰文披露揭示了真正的"上林三官"："钟官""技巧""六厩"[17]。

知识窗：置样五铢（图1-39）

　　《隋书》记载："高祖既受周禅，以天下钱货轻重不等，乃更铸新钱。背面肉好，皆有周郭，文曰'五铢'，而重如其文。每钱一千，重四斤二两。是时钱既新出，百姓或私有镕铸。三年四月，诏四面诸关，各付百钱为样。从关外来，勘样相似，然后得过。样不同者，即坏以为铜，入官。诏行新钱已后，前代旧钱，有五行大布、永通万国及齐常平，所在用以贸易不止。四年，诏仍依旧不禁者，县令夺半年禄。然百姓习用既久，尚犹不绝。五年正月，诏又严其制。自是钱货始一，所在流布，百姓便之。是时见用之钱，皆须和以锡镴。锡镴既贱，求利者多，私铸之钱，不可禁约。其年，诏乃禁出锡镴之处，并不得私有采取。十年，诏晋王广，听于扬州立五炉铸钱。其后奸狡稍渐磨鑢钱郭，取铜私铸，又杂以锡钱，递相放效，钱遂轻薄。乃下恶钱之禁。京师及诸州邸肆之上，皆令立榜，置样为准。不中样者，不入于市。"[18]文献中的标准官铸隋五铢即为"置样五铢"。

隋文帝时，先在四面关口将标准隋五铢置样勘验，后在京师和各州邸店市场立榜置样核验。根据出土和存世隋五铢实物，标准官铸隋五铢直径约在23毫米左右。以前钱币收藏界认定的一种风格类似隋五铢的直径在25毫米左右的铜钱为置样五铢，其实根据出土发掘资料，该种大型五铢钱应是北周"大统六年五铢"，北周侯义墓曾出土39枚大统六年五铢[19]。

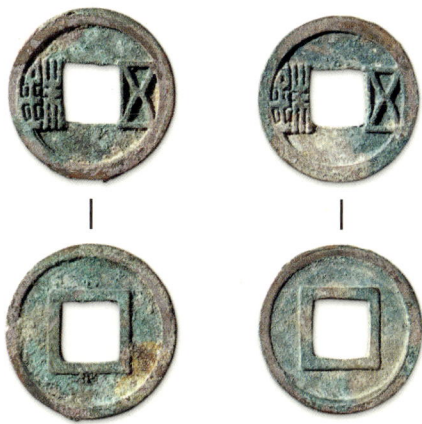

图 1-39 隋"置样五铢"（钱径23毫米）

知识窗：悬样开元

《旧唐书》记载："则天长安中，又令悬样于市，令百姓依样用钱。"[20]文献中武则天在京师长安将官铸开元通宝钱悬样为准，向百姓示范。此种开元通宝钱为"武则天悬样开元"（图1-40）。

《旧唐书》记载："开元五年，车驾往东都，宋璟知政事，奏请一切禁断恶钱。六年正月，又切断天下恶钱，行二铢四累钱。不堪行用者，并销破覆铸。至二月又敕曰：'古者聚万方之货，设九府之法，以通天下，以便生人。若轻重得中，则利可知矣；若真伪相杂，则官失其守。顷者用钱，不论此道。深恐贫窭日困，奸豪岁滋。所以申明旧章，悬设诸样，欲其人安俗阜，禁止令行。'时江淮钱尤滥恶，有官炉、偏炉、棱钱、时钱等数色。"[21]文献中唐代开元年间将官铸标准开元通宝钱悬样示范，此种开元通宝钱为"唐玄宗悬样开元"（图1-41）。

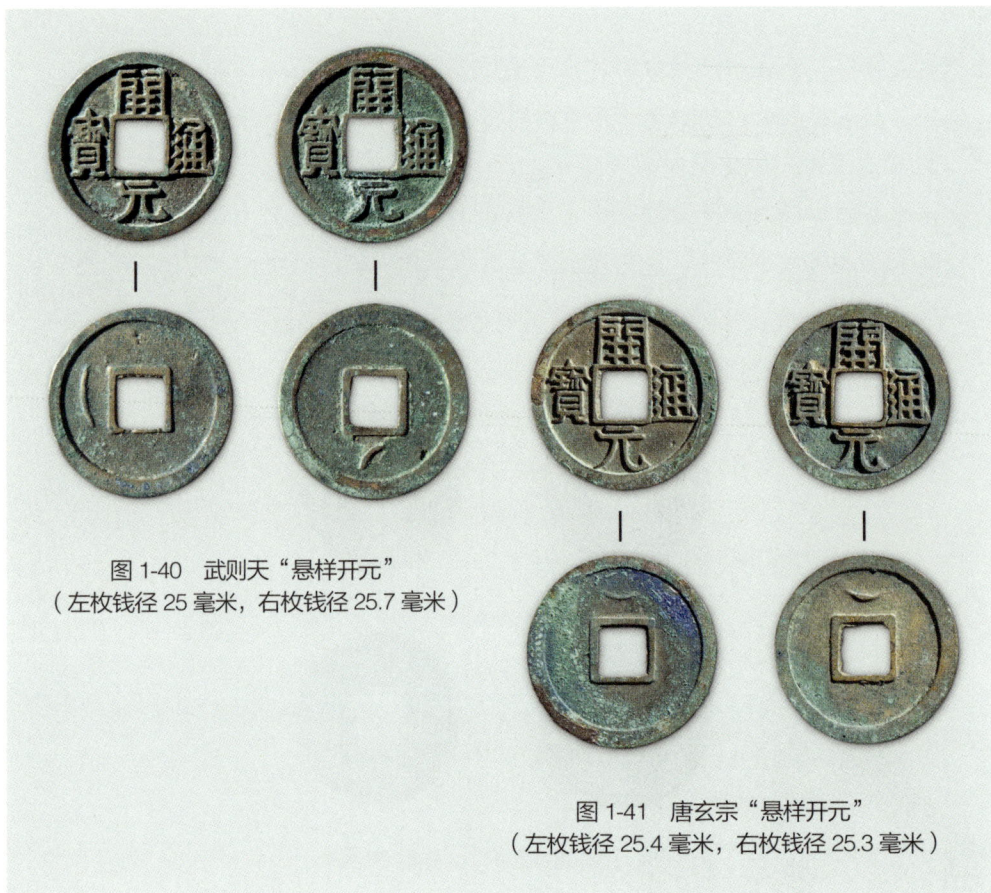

图 1-40　武则天"悬样开元"
（左枚钱径 25 毫米，右枚钱径 25.7 毫米）

图 1-41　唐玄宗"悬样开元"
（左枚钱径 25.4 毫米，右枚钱径 25.3 毫米）

图 1-42　新莽"大布黄千"私铸钱
（左枚长 56、足宽 24 毫米）

15　私铸（private coin casting, illegal coin casting）

非官方铸造钱币（图 1-42—图 1-46）。在政府允许民间铸钱时，私铸钱币只要达到官府规定的标准就是合法的；在铸币权收归官府、不允许民间铸钱时，私铸就是非法的，也称"盗铸"。

历史上的私铸钱主要以"减重"或"减色"的方式牟利。"减重"即以降低铜钱重量的方式降低铜钱价值

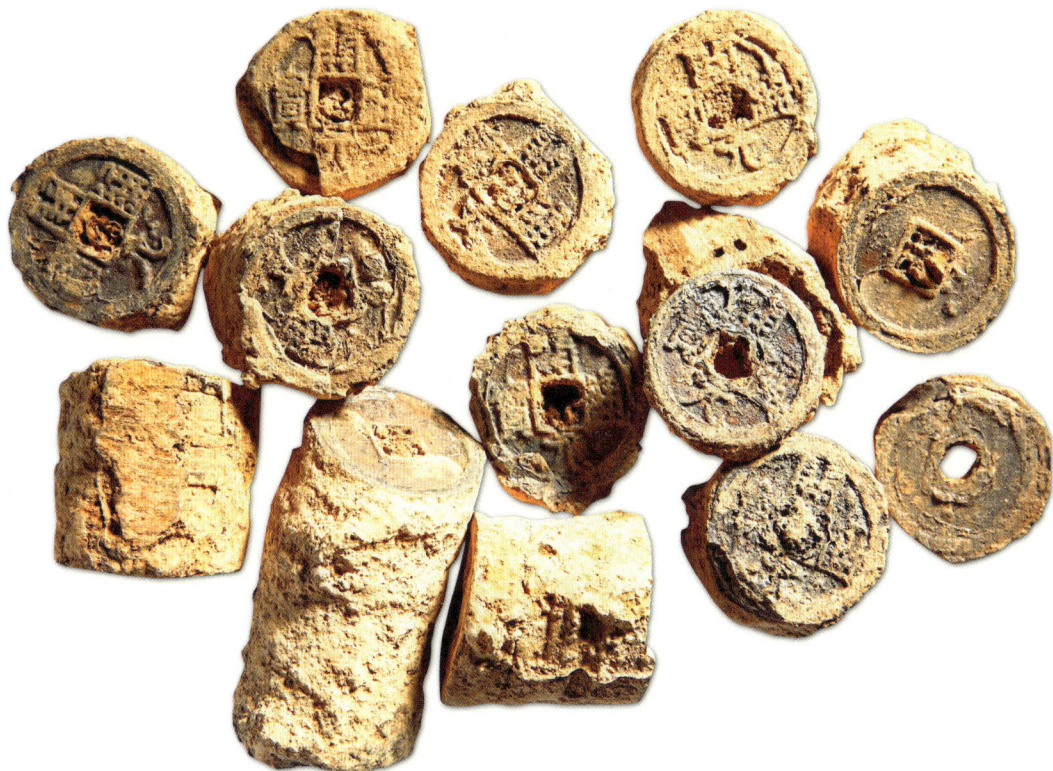

图 1-43 湖南衡山地区出土唐代私铸"开元通宝"铁钱（钱径平均 24 毫米）

图 1-44 河北蔚县地区出土唐代私铸铅钱（中间开元通宝直径 26 毫米）

图 1-45 宋代私铸铜钱

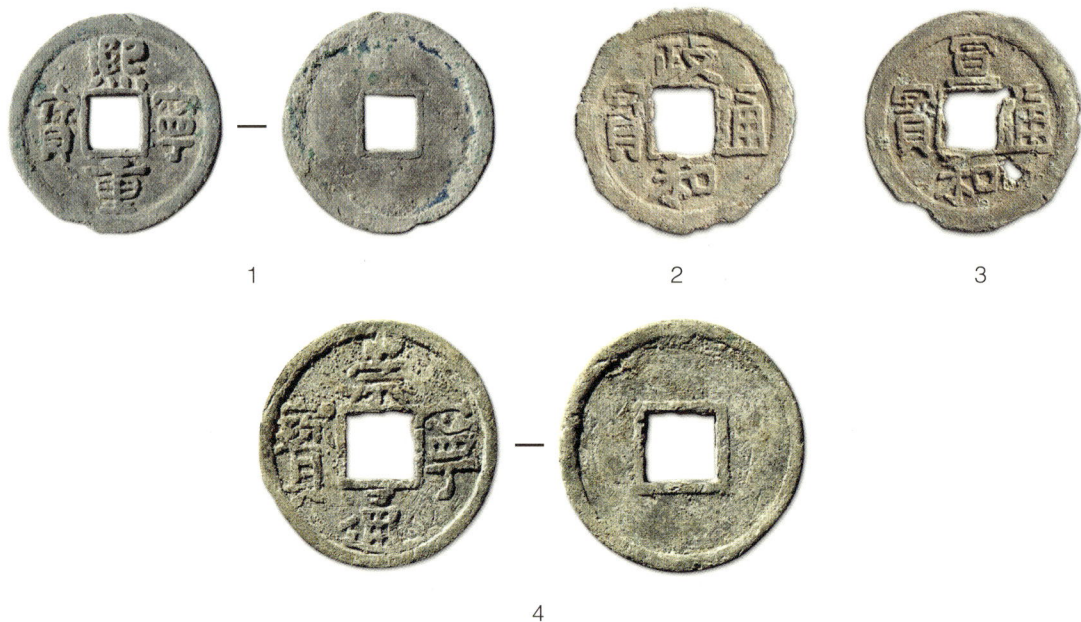

| 1 | | 2 | 3 |

4

图 1-46 宋代私铸铅钱
1. "熙宁重宝"折二铅钱（钱径 29.5 毫米） 2、3 "政和、宣和通宝"折二铅钱
（钱径约 30 毫米） 4. "崇宁通宝"瘦金体折三铅钱（钱径 33.5 毫米）

来牟利；"减色"即以降低铜钱合金中价值较高的铜的含量来牟利。历史上，若统治者公开发行虚值大钱，会极大程度上诱发社会上的私铸行为，因为虚值大钱本身远离了金属铸币的实际价值，是统治者公开掠夺社会财富的方式，会激起民间的效仿，导致私铸横行。私铸钱币工艺总体落后于官铸工艺，私铸钱较为粗糙、简率。

相关铸钱文献及解读

《旧唐书》记载："至天宝之初，两京用钱稍好，米粟丰贱。数载之后，渐又滥恶，府县不许好者加价回博，好恶通用。富商奸人，渐收好钱，潜将往江淮之南，每钱贸得私铸恶者五文，假托官钱，将入京私用。京城钱日加碎恶，鹅眼、铁锡、古文、綖环之类，每贯重不过三四斤。……是时京城百姓，久用恶钱，制下之后，颇相惊扰。时又令于龙兴观南街开场，出左藏库内排斗钱，许市人博换。贫弱者又争次不得。俄又宣敕，除铁锡、铜沙、穿穴、古文，余并许依旧行用，久之乃定。"[22] 文献中提到的"鹅眼"应指开元通宝减重小钱，如同鹅眼大小；"铁锡"应指铁质私铸钱和铅质（古代也称铅为"黑锡"）开元通宝私铸钱；"古文"应指前朝流传下来的减重钱，或民间仿铸前朝钱币的减重钱，因文字古奥，不似当朝开元通宝而得名；"綖环"即简体"线环"，指极端减重的开元通宝钱，形容钱体像线条弯成的圆环一样；"铜沙"应指铸造粗劣、掺杂杂质的私铸开元通宝钱；"穿穴"应指具有缩孔、浇不足等铸造缺陷的减重私铸开元通宝钱。

1 铸钱合金（coin casting alloy）

具有适当的钱币铸造性能，用于生产钱币铸件的合金。中国古代主要采用"铸造铜合金"（cast copper alloy）铸钱，即以铜为基体元素，分别或组合以锡铅锌为合金元素的铸钱合金。

1.1 青铜钱（bronze coin）

中国古代铜铅锡三元合金的铸币。中国古代特定青铜钱曾采用铜铅二元合金铸造（如战国燕国铸造的部分刀币、布币和圜钱等），中国古代不存在严格意义上的铜锡二元合金青铜钱。中国青铜铸币（图1-47、图1-48）从东周一直延续到明后期（嘉靖以前）。与中国古代铸钱不同，现今铸造学中的"青铜"原指铜锡合金，现泛指除黄铜、白铜（加入镍等元素）以外的铸造铜合金；"锡青铜"指以锡为主要合金元素的铸造铜合金；"铅青铜"指在铜锡合金基础上加入10%—24%铅的铸造铜合金。需要指出的是，中国古代不存在真正意义上的"白铜钱"，收藏界所谓的"白铜钱"（表面呈银白色），其实是锡含量高（一般含锡20%以上）的铜锡铅三元合金铜钱，其性质如同青铜器（如青铜镜）中的"水银古"类型，仍是青铜钱。

1.2 黄铜钱（brass coin）

中国古代铜锌二元合金的铸币（图1-49）。黄铜在中国古代一度被称为"鍮（tōu）石"[23]，是用红铜和炉甘石配制冶炼而成。史料中的"倭铅""窝铅""白铅"等指金属锌。明代嘉靖、万历时期开始铸造黄铜钱。嘉靖通宝是中国古代最早的官铸黄铜钱，其铸钱合金含量约为：铜71%、锌16%、锡6%、铅5%，用"二火黄铜"加"水锡"（"水锡"即锡[24]）铸造而成。嘉靖之后，隆庆铸钱和万历初期铸钱基本沿袭嘉靖黄铜钱合金比例。万历中后期，使用"四火黄铜"铸造黄铜钱，含锌量增加了一倍，并且后来不再添加"水锡"配铸，万历后期铸钱合金含量约为：铜65%、锌31%、铅3%。明代天启年间，开始用单质金属锌与红铜以3：7配制铸造黄铜钱。所谓"二火黄铜"，指含锌量百分之十几的黄铜，是用炉甘石两次点化红铜所得，史书中的"火漆钱"即用二火黄铜加水锡铸造而成。所谓"四火黄铜"，指含锌量30%左右的黄铜，是用炉甘石四次点化红铜所得，史书中的"金背钱"即用四火黄铜加水锡铸造而成[25]。

图 1-47　青铜钱之"秦半两"（干坑）（左枚钱径 31.5 毫米）

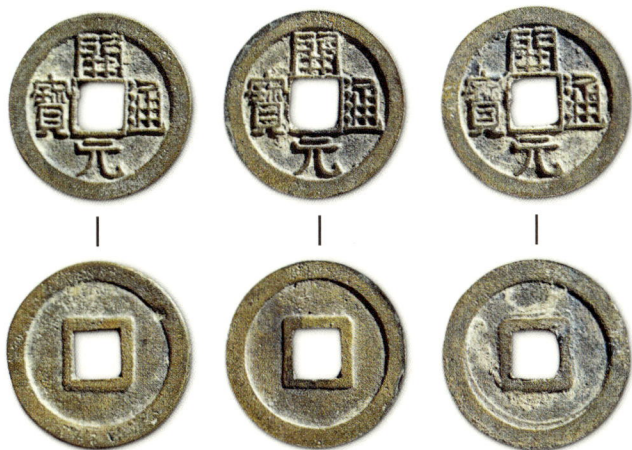

图 1-48　青铜钱之南唐"开元通宝"（淤泥坑）（钱径平均 24.8 毫米）

相关铸钱文献及解读

《工部厂库须知》记载："宝源局 条议……一 酌用水锡。凡铸钱万文用四火黄铜九十斤，必加水锡五斤十一两二钱，从来久矣。近来商铜日低，锡似宜裁。但铜性燥烈，非用锡引则棱角不整，字划不明。倘有四火黄铜，则水锡乃必需之物。"[26] 按照文献中四火黄铜九十斤，加水锡五斤十一两二钱的比例，水锡在铸钱合金成分中占 6.3%。"从来久矣"指万历后期以前，官府铸钱必加水锡。

《工部厂库须知》记载："铸钱规则：每铸钱万文，用净铜九十斤，水锡五斤十一两二钱，今不用，炸块二百三十九斤，木炭四十五斤六两二钱四分，松香五斤五两零，砂罐六个。工价三两二钱五分二厘一毫九丝。"[27] 文献中"净铜"指四火黄铜，"水锡"指锡，"今不用"按《工部厂库须知》成稿时间，应该在万历后期，按照作者何士晋的自序时间"万历乙卯六月"，该书成稿时间为明万历四十三年（公元 1615 年）[28]。

图 1-49　黄铜钱之"嘉靖通宝"（钱径约 25 毫米）

图 1-50　辽"重熙通宝"红铜钱
（钱径 24 毫米）

1.3 红铜钱（copper coin）

中国古代没有配以合金元素铅、锡或锌，直接用铜铸造的钱，以及那些合金元素含量过低，近似为纯铜铸造的钱，由于颜色发红，多称红铜钱[29]。由于纯铜熔点高，硬度低，充型能力差，不是很好的铸造材料，所铸钱币质量也普遍差于青铜钱、黄铜钱等铜合金铸币。中国历史上的红铜铸币较少，如辽代铸造的含铜量很高的铜钱[30]（图 1-50）、清代新疆主要是南疆地区铸造的"红钱"[31]（图 1-51）、清代咸丰年间铸造的大部分当五百（图 1-52）、当千大钱（图 1-53）等。

图 1-51　清代新疆红钱（钱径平均 25.5 毫米）

图 1-52　清"咸丰元宝"宝伊局当五百红铜大钱（钱径 56.8、厚 2.8 毫米，重 46.7 克）

图 1-53　清"咸丰元宝"宝源局当千红铜大钱（钱径约 63 毫米）

1.4 铁钱（iron coin）

中国古代特定历史时期，特定政权在特定地域铸行的铁质钱币（图1-54—图1-57）。民间私铸也铸造铁钱。铁钱价值较低，不利于商贸往来和经济发展。

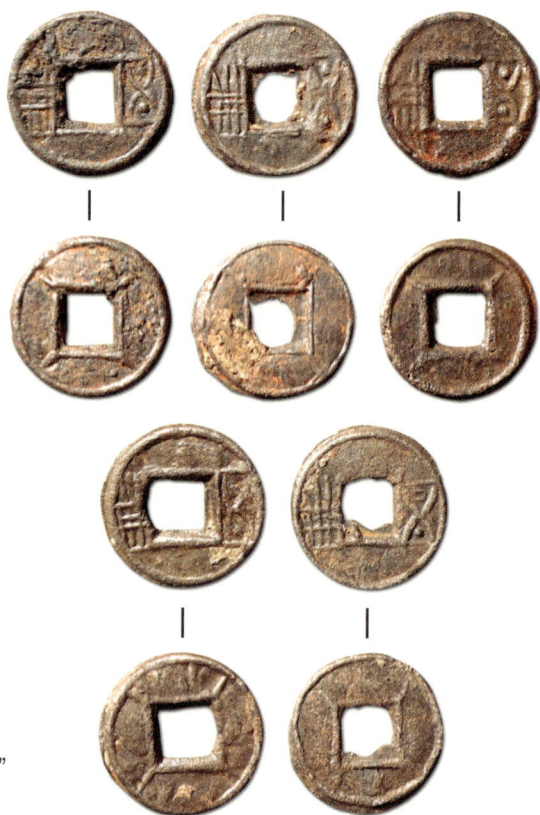

图1-54　南朝萧梁"铁五铢"
（钱径平均21毫米）

图1-55　五代十国楚"乾封泉宝"背"天""策"大铁钱（钱径平均39毫米）

图 1-56　西夏"乾祐元宝"铁钱（左枚直径 25 毫米）

图 1-57　清"咸丰通宝"宝直局铁钱（钱径平均 24 毫米）

1.5 铅钱（lead coin）

中国古代特定历史时期，特定政权在特定地域铸行的铅质钱币（图 1-58—图 1-60）。民间私铸也铸造铅钱。铅钱价值较低，不利于商贸往来和经济发展。

图 1-58　战国燕国"安阳"背"右"铅质
　　　　方足布（长 47.4、足宽 27.4 毫米）

图 1-60　五代十国南汉"乾亨重宝"铅钱
　　　　（钱径平均 26 毫米）

图 1-59　五代十国闽"开元通宝"背上"福"铅钱
　　　　（钱径平均 23.2 毫米）

2 铸钱材料和工艺
（coin casting materials and coin casting process）

2.1 熔炼（smelting）

通过加热铸钱金属由固态转变为液态,并通过冶金反应去除金属液中的杂质,使其温度和成分达到铸钱要求的过程和操作。

2.2 熔炼损耗【熔损】【烧损】（melting loss）

铸钱金属炉料在熔炼过程中，由于蒸发、氧化和扒渣时带走液态金属，所造成的损耗。

2.3 铸造性能（castability）

铸钱金属在铸造成形过程中获得外形准确、内部健全的钱币铸件的能力。

2.4 坩埚【砂罐】（crucible）

熔化和精炼铸钱金属液体的容器，是重要的铸钱器具装备，中国古代主要采用可塑性的耐火黏土来制作坩埚（图 1-61）。明朝官府铸钱称熔铜黏土容器为"砂罐"[32]，称炼锌罐为"大样坩埚"[33]。

图 1-61 河南洛阳出土北朝坩埚（长 78、口部最大直径 75 毫米）

2.5 炉料（charge）

加入坩埚内铸钱材料的总称，包括金属锭、废金属、回炉料等（图 1-62—
图 1-66）。

图 1-62   东莞市钱币博物馆藏青铜锭正面图

图 1-63   东莞市钱币博物馆藏青铜锭背面图

图 1-64   中国钱币博物馆藏南海出水青铜锭（长 192、宽 99、厚 58.8 毫米）

图 1-65　东莞市钱币博物馆藏铅锭
正面"五十四斤"刻划铭文

图 1-66　东莞市钱币博物馆藏铅锭背面图

2.6　回炉料（foundry returns）

　　铸钱过程中作废的钱币铸件、浇道柄等废金属送回坩埚重熔的炉料（图 1-67）。

2.7　浇注系统（gating system, running system）

　　铸范、铸型中熔融液态金属进入范腔、型腔的通道之总称（图 1-68—图 1-70），基本组元有：浇口杯、直浇道、横浇道和内浇道等。

图 1-67　山东临淄出土西汉"郡国五铢"叠铸回炉料

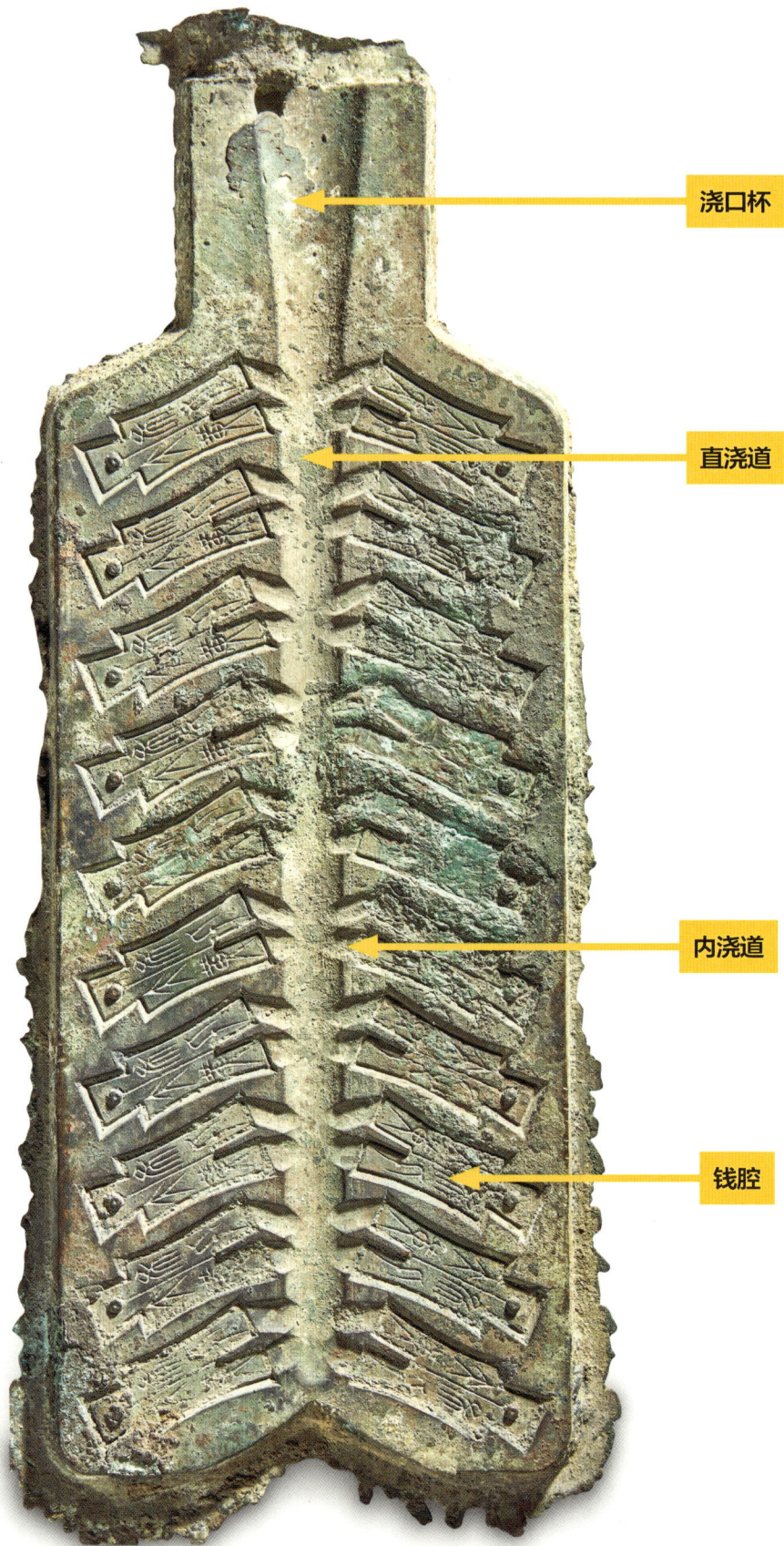

浇口杯

直浇道

内浇道

钱腔

图 1-68　块范铸钱浇注系统演示（新莽"大布黄千"铜范）

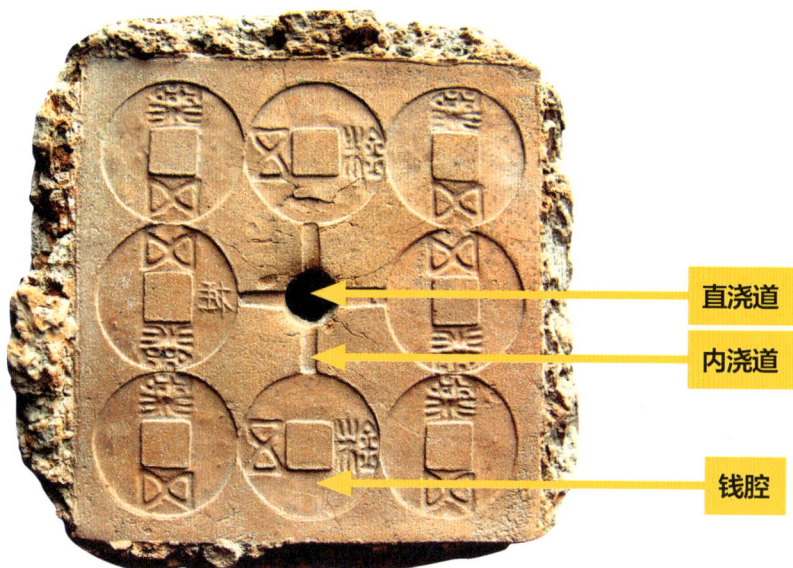

直浇道

内浇道

钱腔

图 1-69　叠铸法铸钱浇注系统演示（南朝萧梁"公式女钱"叠铸陶范）

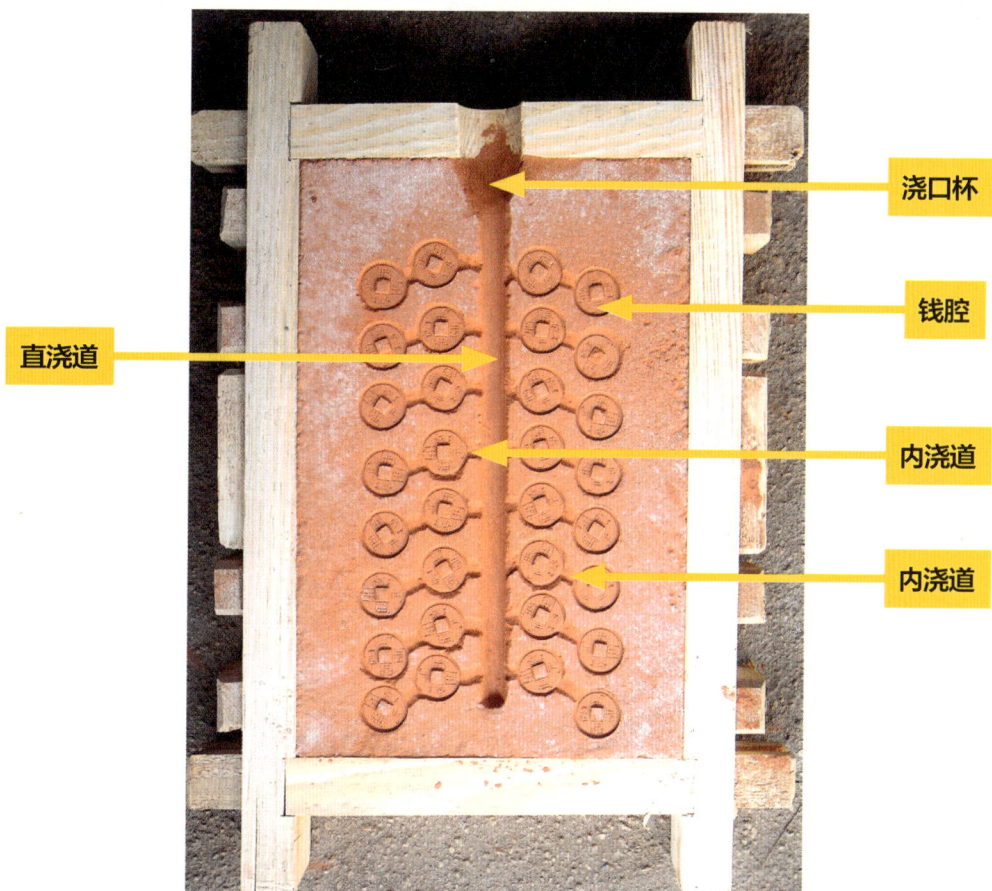

浇口杯

钱腔

直浇道

内浇道

内浇道

图 1-70　翻砂铸钱浇注系统演示（模拟实验）

2.8　浇注（pouring）

将熔融金属从坩埚、浇包注入铸范、铸型的操作（图1-71）。

2.9　浇口杯【外浇口】（pouring cup）

漏斗型外浇口（图1-72），单独制造或直接在铸范、铸型内形成，成为直浇道顶部的扩大部分，用以承接并导入熔融金属。

图1-71　浇注叠铸范包实验图

图1-72　南朝萧梁"公式女钱"叠铸陶范包浇口杯

2.10　直浇道（sprue）

浇注系统中的垂直通道。将熔融金属从浇口杯引入横浇道和内浇道；提供足够的压力，使金属液在重力作用下克服沿程阻力在规定的时间内充满钱币铸范、铸型。直浇道的大小会影响金属液的流动速度和填充时间。需要指出的是，直浇道不能称为"主浇道"。

2.11　横浇道（runner）

浇注系统中连接直浇道和内浇道的水平通道部分（图1-73）。古代铸钱是较为简单的铸造工艺，浇注系统也较为简单，一般仅有直浇道和内浇道，很少有横浇道的设置。

横浇道

内浇道

直浇道

横浇道

内浇道

图 1-73　山东莒县出土西汉"荚钱"陶范之横浇道
（长 130、宽 116、钱腔直径约 20 毫米）

2.12　内浇道（ingate）

　　浇注系统中引导熔融金属液进入钱币铸范、铸型（砂型）的部分。内浇道是
液态金属进入铸范范腔、铸型型腔的最后一段通道，主要作用是控制金属液充
填铸范、铸型的速度和方向，调节铸范、铸型各部分的温度和钱币铸件的凝固
顺序，并对钱币铸件有一定的补缩作用。内浇道不能称为"次浇道"。

2.13 范腔（mold cavity）

范铸法铸钱中，铸范中的空腔部分，主要包括钱腔和浇道，浇注后形成钱币铸件及浇注系统金属体（俗称"钱树"）。

2.14 型腔（mold cavity）

翻砂法铸钱中，铸型中的空腔部分，主要包括钱腔和浇道，浇注后形成钱币铸件及浇注系统金属体（俗称"钱树"）。

2.15 钱腔（coin cavity）

范腔、型腔中浇注后形成钱币本体的空腔部分。

2.16 烘范（mold baking）

用适当温度和足够时间加热泥范、叠铸泥范包，排除范内水分（游离水、结晶水），并获得一定强度的过程。空首布铸钱中的范芯在浇注前也需要烘干。泥范、叠铸泥范包在烘干前要充分阴干，排除主要的范内游离水。烘范一般在烘范窑（图 1-74）、烘炉内进行。

2.17 浇注温度（pouring temperature）

金属液浇注铸范、铸型时测定的温度。

2.18 浇注时间（pouring time）

金属液从进入浇口杯开始，到充满铸范、铸型腔所需的时间。

图 1-74　烘范窑（模拟实验）

2.19 流动性（金属）fluidity（metal）

金属液本身的流动能力（图 1-75、图 1-76）。

2.20 充范（mold filling）

范铸法铸钱中，熔融金属液通过浇道向铸造范腔中充填的过程。

2.21　充型（mold filling）

翻砂法铸钱中，熔融金属液通过浇道向铸造型腔中充填的过程。

2.22　充范能力（mold filling capacity）

范铸法铸钱中，熔融金属液充满铸范范腔，获得轮廓清晰、形状准确的钱币铸件的能力（图 1-77）。影响金属液充范能力的因素很多，主要有浇注温度、合金配比、浇注系统设置、铸范状态等。需要指出的是，铸钱青铜合金中含锡量适当增加可提升金属液充范能力，钱币铸件形制精整、文字清晰。

2.23　充型能力（mold filling capacity）

翻砂法铸钱中，熔融金属液充满铸型型腔，获得轮廓清晰、形状准确的铸件

图 1-75　流动性差导致的宋金时期"宋元通宝"　　　　图 1-76　流动性差导致的宋金时期"宣和通宝"
　　　　私铸铅钱浇不足缺陷（钱径 24.6 毫米）　　　　　　　　私铸折二铅钱浇不足缺陷（钱径 29.5 毫米）

图 1-77　充范能力不足导致战国秦"珠重一两"（"十二""十四"）钱
笔画隐起（左枚直径 40 毫米）

图 1-78　充型能力强的唐"开元通宝"呈现
出精整清晰的外观（钱径约 25.5 毫米）

图 1-79　充型能力强的金"大定通宝"呈现
出精整清晰的外观（钱径 25.3 毫米）

的能力（图 1-78）。影响金属液充型能力的因素很多，主要有浇注温度、合金配比、浇注系统设置、铸型状态等。需要指出的是，铸钱青铜合金中含锡量适当增加可提升金属液充型能力，钱币铸件形制精整、文字清晰（图 1-79）；否则，含锡量不足会导致钱币"棱角不整，字划不明"[34]。

2.24　充范速度（filling speed）

范铸法铸钱中，铸钱金属液由内浇道进入范腔的线速度。

2.25　充型速度（filling speed）

翻砂法铸钱中，铸钱金属液由内浇道进入型腔的线速度。

2.26　凝固（solidification）

铸钱液态合金温度下降到熔点以下时发生的从液态转变为固态的过程。

2.27　收缩（contraction）

铸钱合金从液态凝固、冷却至室温过程中产生的体积和尺寸缩减。

2.28　补缩（feeding）

通过浇注系统或冒口向范腔、型腔提供以补偿钱币铸件液态和凝固收缩的金属液，以抵消钱币铸件收缩变形。

2.29　冒口（riser, feeder head）

钱币铸范、铸型内储存供补缩钱币铸件用熔融金属的空腔。也指该空腔中充填的金属。冒口有时还起排气集渣的作用。中国古代铸钱工艺相对简单，一般不需要设置冒口。从考古遗存看，西汉上林三官铸钱（图 1-80）大铜范或大铁范、新莽铸钱大铜范或大铁范的铸造工艺中采用过冒口设计。

2.30 拔模斜度【起模斜度】（pattern draft）

范铸法铸钱中，为使泥范从金属范母（阳模）中取出，平行于起模方向在金属范母（阳模）壁上的斜度（图 1-81）。在翻砂法铸钱中，为使母钱和直浇道模容易从铸型中脱离，平行于起模方向在母钱侧边和直浇道模壁上的斜度（图 1-82、图 1-83）。

2.31 起模性（liftability）

范铸法铸钱中，范泥对起模（脱模）过程的适应能力。在翻砂法铸钱中，型砂对起模过程的适应能力。通常用范泥韧性和型砂韧性表示各自的起模性。造型材料的起模性好，造型操作方便，制成的砂型形状准确、轮廓清晰。

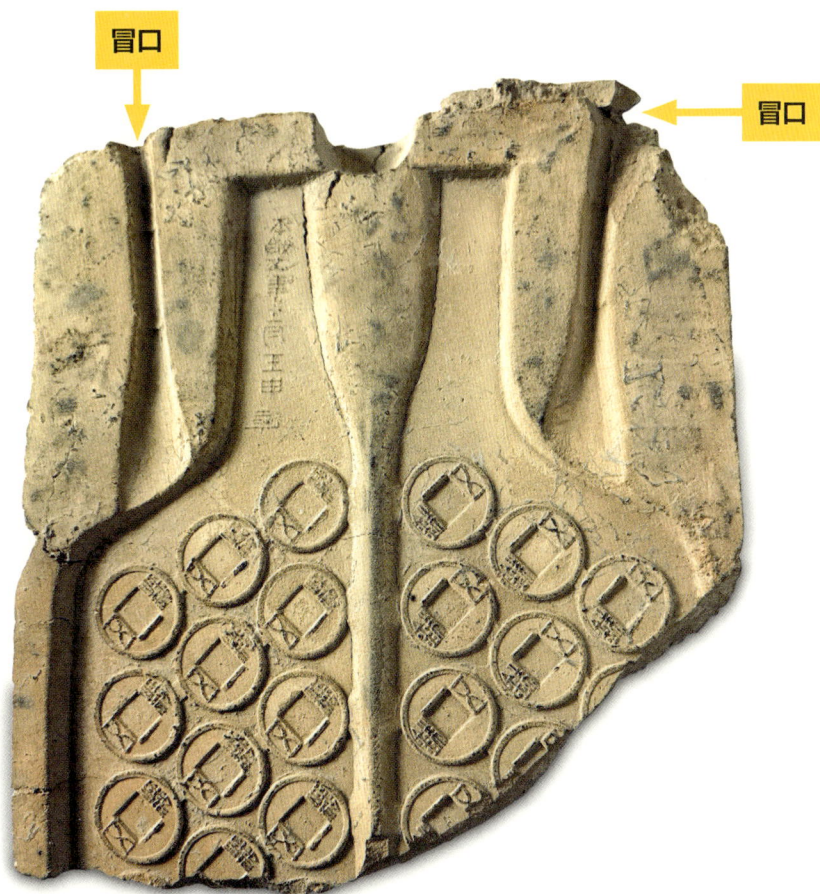

图 1-80　带有两侧双冒口设计的西汉"本始五年"铸金属范之陶母范（王泰初藏）（钱径约 26 毫米）

图 1-81　新莽"大布黄千"叠铸铜范母之拔模斜度

（放大）

图 1-82　清"光绪通宝"背"宙"宝源局母钱
（钱径 18.9、厚 1.4 毫米）

图 1-83　清"光绪重宝"宝源局当拾母钱
（钱径 28 毫米，重 8 克）

（放大）

2.32 透气性（permeability）

范铸法铸钱中，熔融金属液浇入钱范后，钱范内充满大量气体，这些气体必须由铸范内顺利排出去，钱范这种能让气体透过的性能称为透气性。陶范因材质、加工等的不同显示出不一样的透气性，石范和金属范本体几乎没有透气性，石范和金属范可以通过设置排气槽或与陶范组合等方式来改善透气性。翻砂法铸钱中，高温金属液浇入钱币铸型后，型内充满大量气体，这些气体必须由铸型内顺利排出去，型砂这种能让气体透过的性能称为透气性。铸型透气性差，将会使铸件产生气孔、浇不足等缺陷。铸型的透气性受型砂的粒度、黏土含量、水分含量及砂型紧实度等因素的影响。砂的粒度越细、黏土及水分含量越高、砂型紧实度越高，透气性则越差。

排气道【排气槽】【出气孔】
（air vent, venting channel）

开设在石范、金属范的分范面上，用于排除范腔内气体的沟槽（图 1-84—图 1-86）。翻砂铸造中也有在分型面上设置排气沟槽，或用排气针扎透砂型制作排气道、出气孔的情况，但由于中国古代翻砂铸钱相对简单，一般不需要额外设置排气道、出气孔。

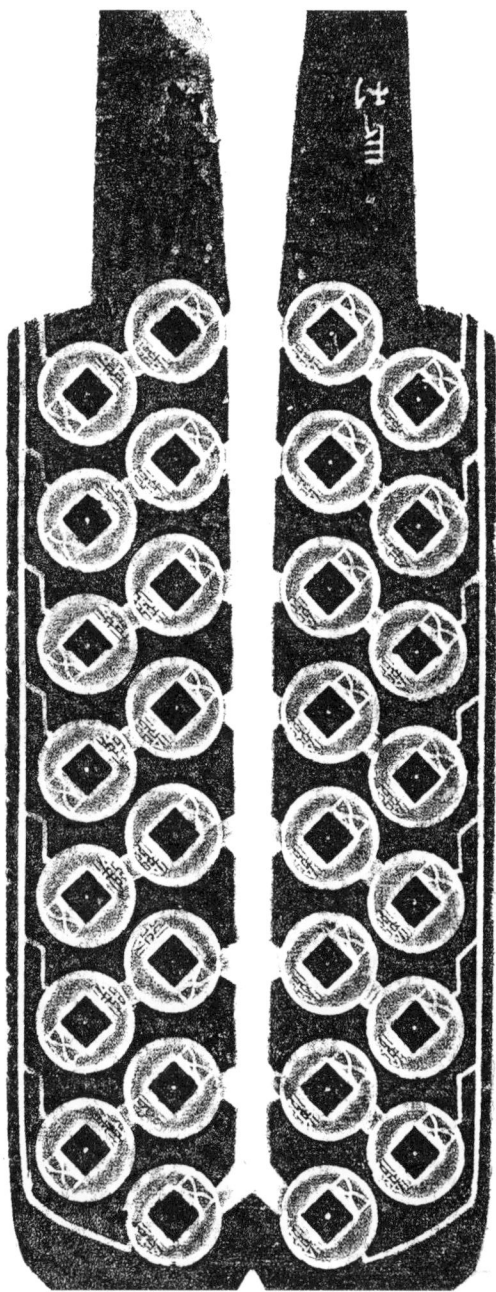

图 1-84 设置排气道的陕西澄城坡头村出土"长利"铭文铜母范拓片（钱径 26 毫米）

图 1-85 　设置排气道的江西萍乡出土汉末六朝"五铢"铜范拓片（钱腔直径 23 毫米）

图 1-86 设置排气道的中国国家博物馆藏新莽"大泉五十"铜范（钱腔直径约 28 毫米）

2.33 耐火性（fire resistance）

范铸法铸钱中，熔融高温金属液体浇入后对铸范产生强烈的热作用，钱范具有的抵抗高温热作用的能力即耐火性。翻砂法铸钱中，高温金属液体浇入后对铸型产生强烈的热作用，型砂具有的抵抗高温热作用的能力即耐火性。如造型材料的耐火性差，铸件易产生粘砂。型砂中二氧化硅含量越多，型砂颗粒越大，耐火性越好。

2.34 退让性（deformability, yieldability）

钱币铸件在冷凝时，体积发生收缩，钱范、型砂应具有一定的被压缩的能力，称为退让性。一般指翻砂铸钱中，型砂不阻碍钱币铸件收缩的高温性能。

2.35 溃散性（collapsibility）

翻砂法铸钱中，钱币铸件浇注并凝固后，砂型被打碎的难易程度，也叫除砂性。叠铸法铸钱后须敲碎陶范包取钱，陶范包被打碎的难易程度，也可以用溃散性表达。

1 块范（竖式）铸钱
（vertical coin casting with block molds）

两两相合的块状钱范竖直浇铸的铸钱工艺。块范（竖式）铸钱分为"陶范铸钱""石范铸钱""金属范铸钱"和"模印范竖式铸钱"四种类型。

1.1 陶范铸钱（coin casting with clay molds）

两两相合的陶范（图 1-87）竖直浇铸的铸钱工艺。东周时期的空首布就采用了陶范铸钱工艺。

1.2 石范铸钱（coin casting with stone molds）

将刻制的石范两两扣合竖直浇铸的铸钱工艺（图 1-88—图 1-92）。石范铸钱也可以采用石面范和陶背范的组合。

图 1-87 河南钱币博物馆藏"安藏"空首布陶范

图 1-88　南阳市博物院藏"秦半两"石范（钱腔直径 28 毫米）

图 1-89 中国钱币博物馆藏西汉"郡国五铢"石范（钱腔直径 26.9 毫米）

图 1-90 中国钱币博物馆藏西汉"郡国五铢"石范局部放大图

图 1-91　广东阳江出土南汉"乾亨重宝"铅钱石范面范、背范拓片（钱腔直径约 26.5 毫米）

1.3 金属范铸钱（coin casting with metal molds）

先刻制石质祖模（阴文），模印出泥质母范（阳文），经阴干焙烧成陶母范（图 1-93）后，再浇铸出金属范（阴文）（图 1-94、图 1-95），最后用金属范铸钱的工艺。金属范的材质主要有青铜范和铁范两种。大型金属范铸钱主要采用金属面范和陶质背范组合的工艺。

根据考古出土和存世铸钱遗物，官式金属范铸钱普遍采用金属面范和陶背范的组合，范面阔大，一套合范铸钱较多，效率较高。存世金属面范和金属背范铸钱的实物较少，且范面狭小，一套合范铸钱很少，有的设计仅一次铸造几枚

图 1-92　广东阳江出土南汉
"乾亨重宝"铅钱石范

图 1-93　山东临淄出土西汉"郡国
五铢"陶母范（钱径 28 毫米，最大
一块陶范块残宽 108 毫米）

图 1-94　中国钱币博物馆藏西汉"郡国五铢"铜范（钱腔直径 27.1 毫米）

图 1-95　中国钱币博物馆藏西汉"郡国五铢"铜范局部放大图

图 1-96　中国钱币博物馆藏新莽"大泉五十"私铸小铜范（左上铜范长 64.9、宽 37.3 毫米）

图 1-97　中国国家博物馆藏新莽"大泉五十"私铸小铜范及浇不足缺陷铸件

钱币，效率较低，这种小型金属面背范组合（图 1-96、图 1-97）的铸钱工艺多属地方性铸钱或民间私铸性质。

1.3.1 石祖模【石质祖模】
（stone pattern, stone model）

先选择石板刻制出拟铸造的金属范的样子（图 1-98、图 1-99），是制作金属范的第一步。

1.3.2 陶母范（pottery mold for casting metal mold）

在块范铸钱工艺中，将刻制好的石祖模压印出泥母范，经阴干焙烧成陶母范（图 1-100、图 1-101）。陶母范钱文为阳文，但不是模，陶母范是直接承接熔融金属液的，在铸造学上的本质是铸范。块范铸钱工艺中的陶母范是铸造金属范的陶范，所铸金属范再来铸钱，是金属范之母，故称"母范"，以区别于直接铸钱的钱范。

1.3.3 金属面范
（metal face mold）

官式金属范铸钱一般采用金属面范和陶背范的组合，金属面范（图 1-102—图 1-104）包括主要的钱腔和浇道，金属面范结实精致，可多次重复使用，所铸钱币形制精整。

图 1-98　滁州市博物馆藏西汉"郡国五铢"石祖模[35]（钱腔直径 27 毫米）

图 1-99 滁州市博物馆藏西汉"郡国五铢"石祖模局部放大图

图 1-100　块范铸钱之南阳出土新莽"大泉五十"陶母范（钱径约 28 毫米）

图 1-101　块范铸钱之南阳出土新莽"大泉五十"陶母范（钱径约 28 毫米）

图 1-102　模拟楚国鬼脸钱铜范面范铸造实验图（一）

图 1-103　模拟楚国鬼脸钱铜范面范铸造实验图（二）

图 1-104　模拟楚国鬼脸钱铜范面范铸造实验图（三）

1.3.4 陶背范（pottery back mold）

官式金属范铸钱一般采用金属面范和陶背范的组合，陶背范主要是钱腔背部外缘和内郭的部分，若是铸造"半两"钱等平背钱币，陶背范是光洁的平板范。采用陶背范可提高铸范的透气性。

陶背范的制作工艺在历史上大致经历了两个阶段：先秦到西汉前期，主要采用细砂、黏土等组合的轻体匀质透气陶范（图1-105、图1-106），范面制作多采用磨平、刻制工艺；西汉中后期、新莽时期，则主要采用复合背范（图1-107—图1-109）工艺，即陶背范分为粗砂范体层和细料范面层两部分，范体采用粗砂、黏土等材料，范面覆盖数毫米厚的细料层，由黏土、细砂构成的范面层可保证铸钱的规整光洁，粗砂范体层可保证陶范不变性，并有良好的透气性。范体烘干后，在细料范面上刻制钱币外缘和内郭。

根据对存世西汉、新莽陶背范实物的研究，发现五铢（图1-110、图1-111）、大泉五十（图1-112、图1-113）、小泉直一（图1-114）等陶背范钱币外缘、内郭范腔都是手工刻制，不是模印。

陕西澄城坡头村铸钱遗址出土成套五铢背范（图1-115）都为平背，分析应是半成品，在正式使用前还须刻制钱币背面外缘、内郭范腔。

图 1-105　山东临淄出土西汉"郡国五铢"陶背范
（上部范面宽 84 毫米，钱腔直径 27.5 毫米）

图 1-106　首都博物馆藏西汉"郡国五铢"陶母范、陶背范组图（钱径约 26 毫米）

图 1-107　中国钱币博物馆藏西汉复合陶背范正面图（钱径约 26 毫米）

图 1-108　中国钱币博物馆藏西汉复合陶背范侧面图

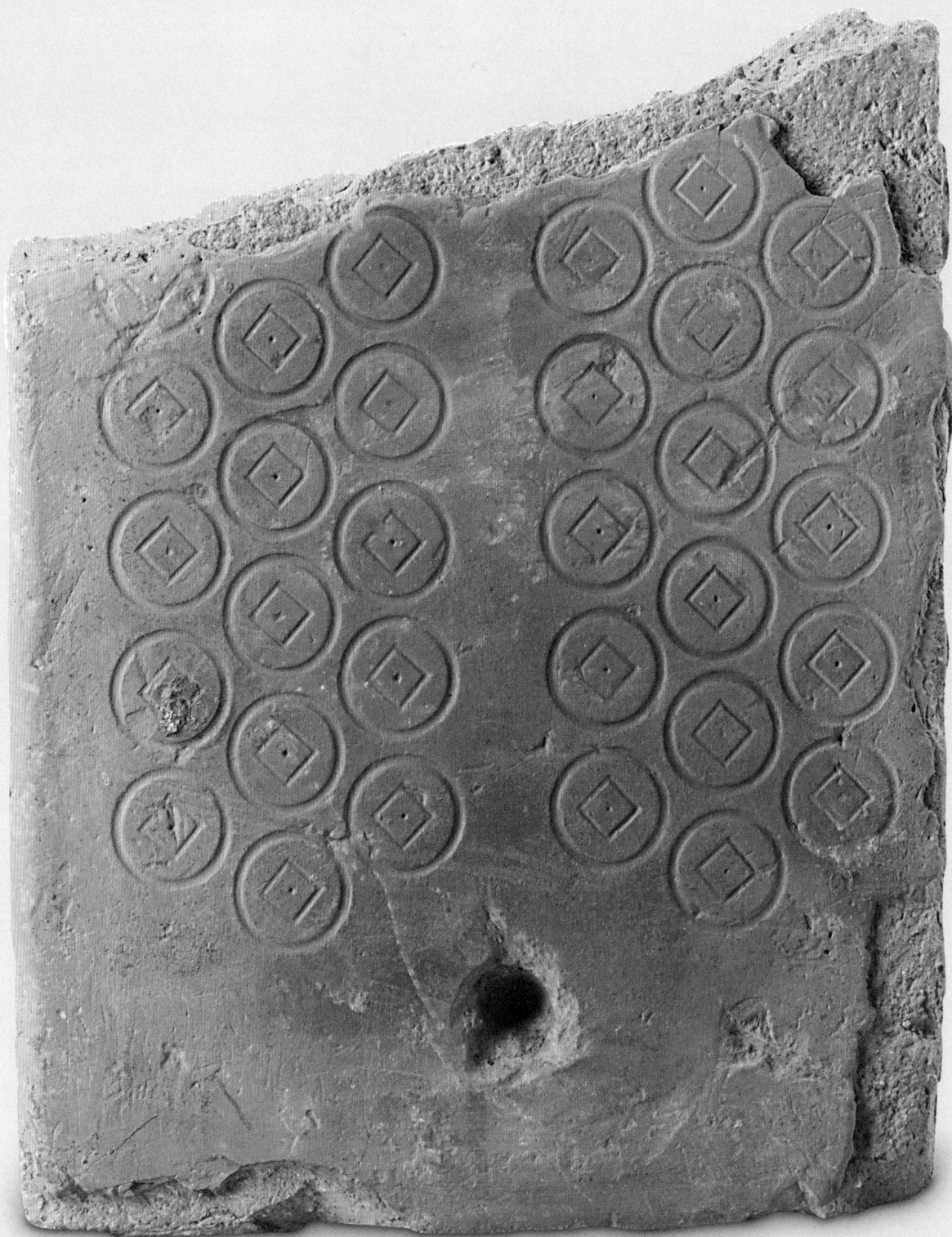

图 1-109　河南南阳出土新莽"大泉五十"复合陶背范（钱径约 28 毫米）

图 1-110 山东临淄出土西汉"郡国五铢"双面陶背范（左图为半成品，右图为多次使用后废弃面）
（范宽 84、残长 131 毫米，钱腔直径 27.5 毫米）

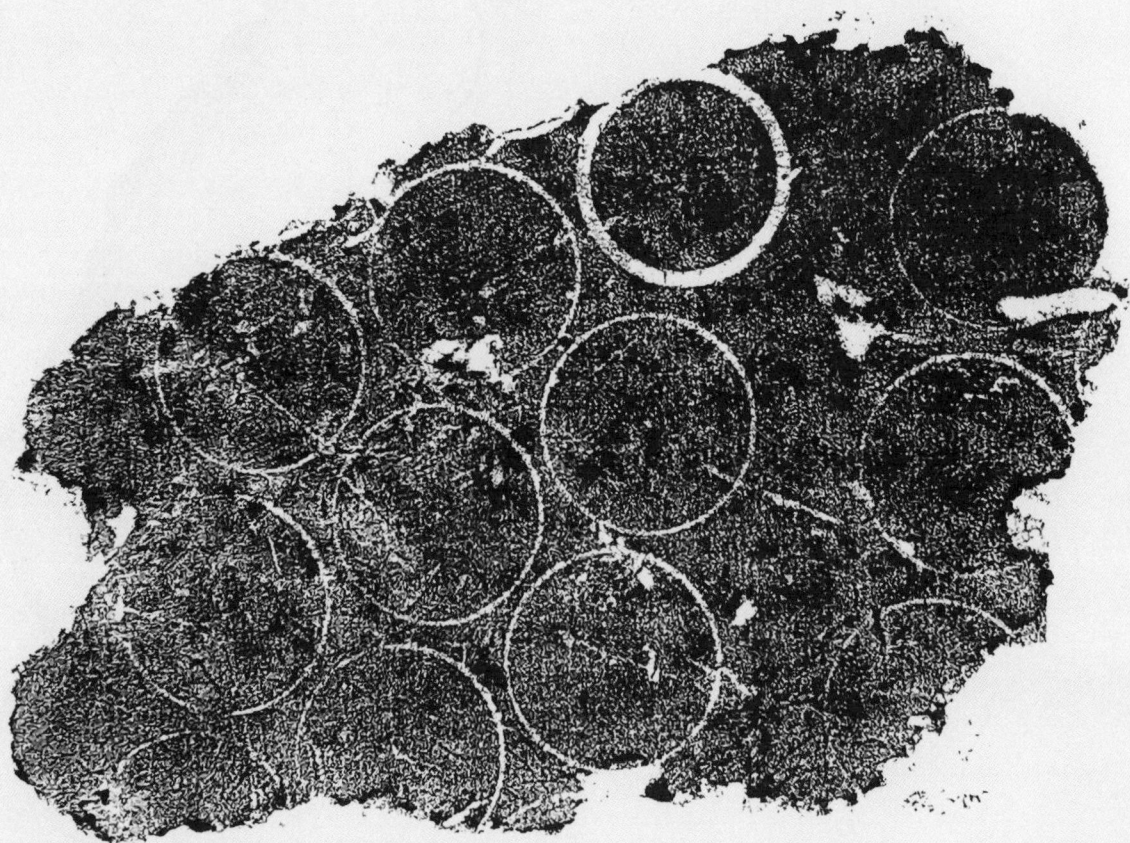

图 1-111　陕西西安相家巷出土"五铢"陶背范半成品[36]拓片（钱径 27.5 毫米）

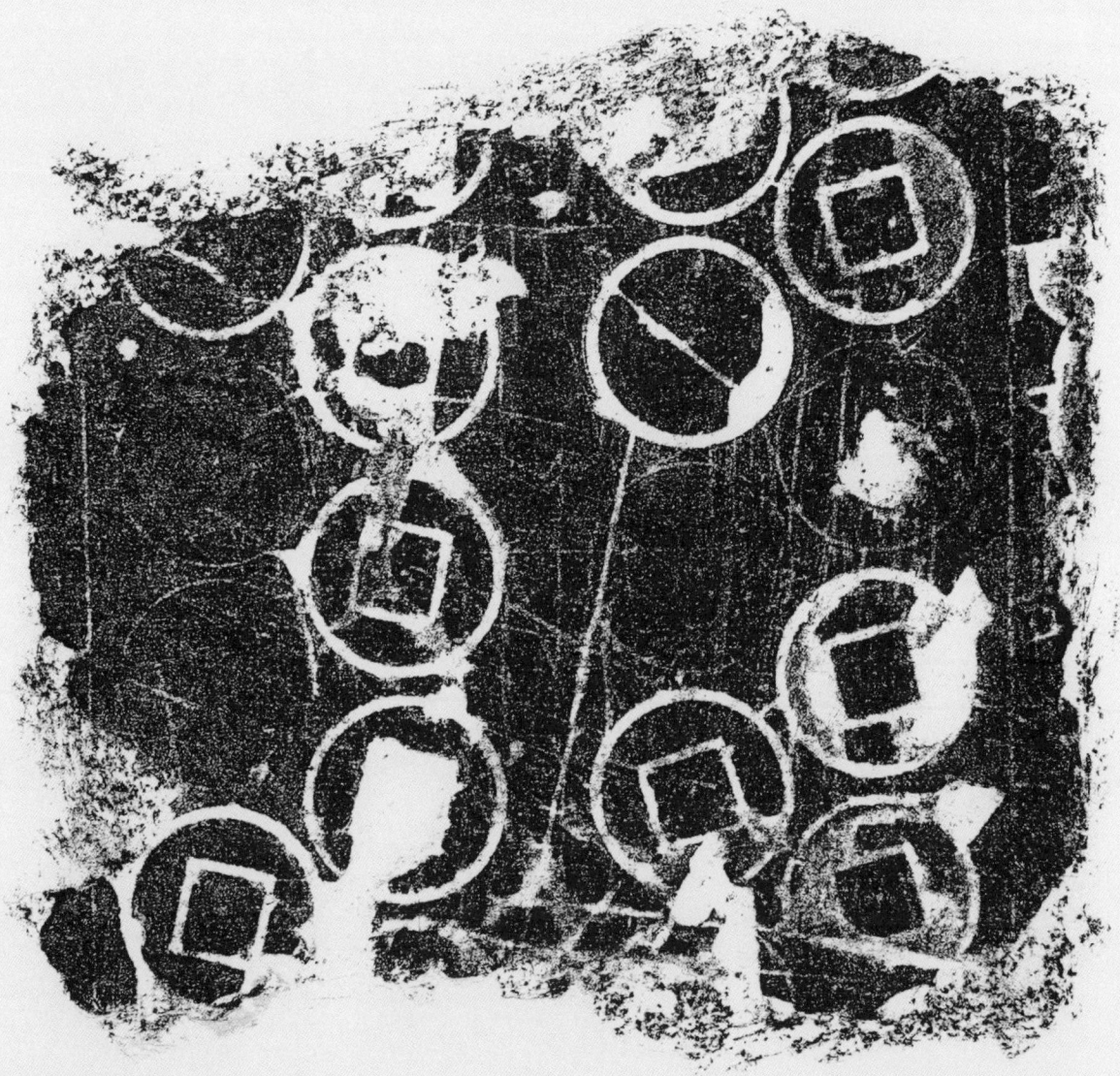

图 1-112 陕西西安好汉庙出土钱币陶背范半成品 [37] 拓片（钱腔直径 26 毫米）

图 1-113　河南南阳出土新莽"大泉五十"陶背范半成品（钱径约 28 毫米）
（钱币外缘范腔排列混乱，仅有一个钱腔带有完整外缘内郭范腔，应是当时工匠的挖刻试验品）

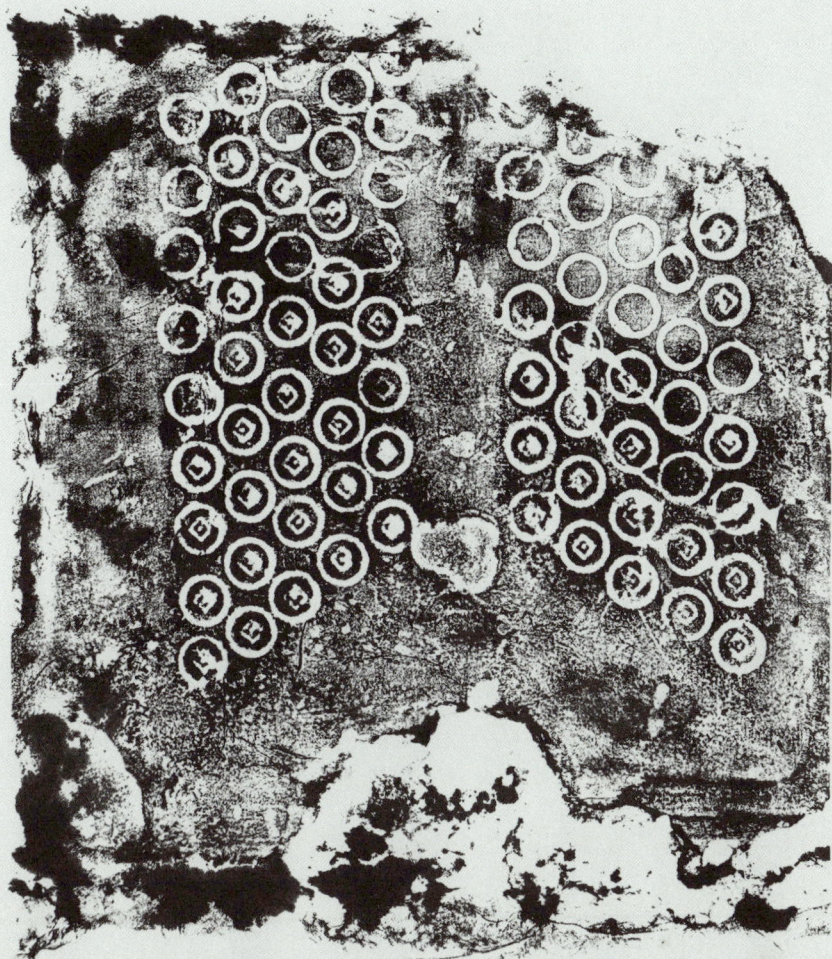

图 1-114　甘肃环县出土新莽"小泉直一"陶背范半成品[38]拓片
（范宽 250 毫米，钱腔直径 15.5 毫米）

图 1-115　陕西澄城坡头村铸钱遗址出土"五铢"陶背范半成品（澄城县博物馆藏）

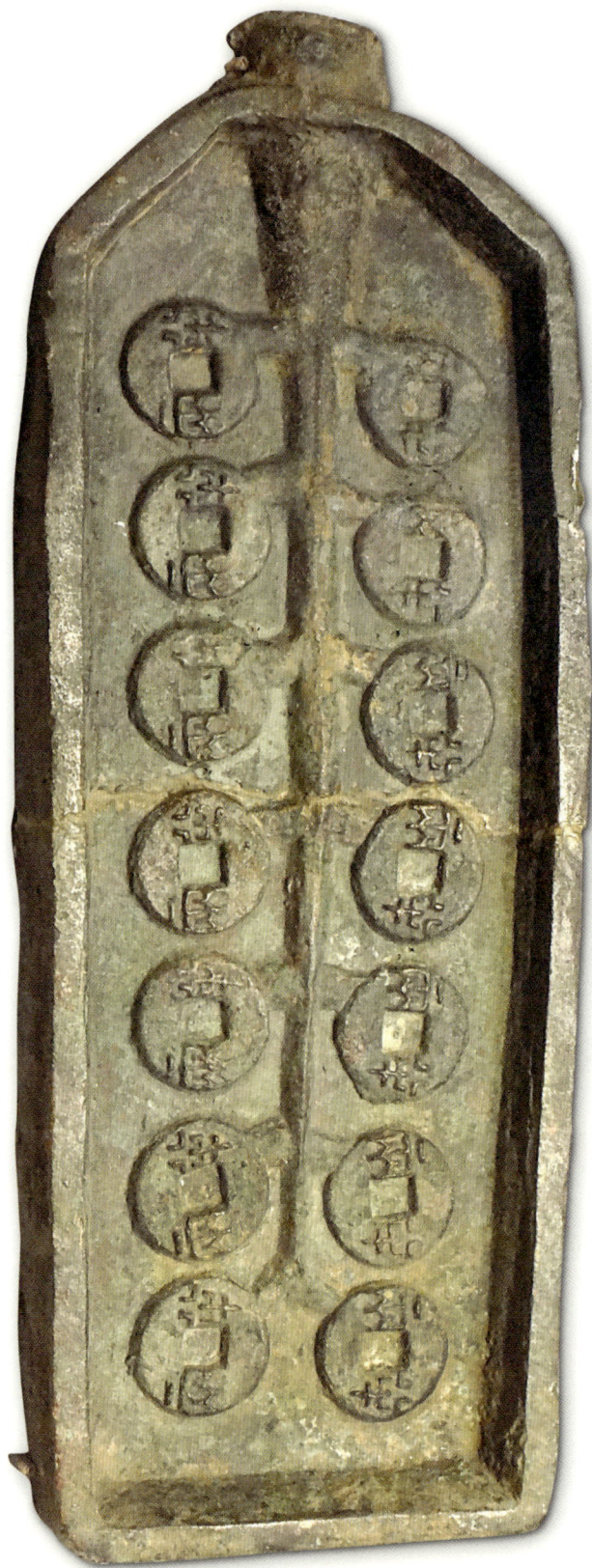

1.4 模印范竖式铸钱（vertical coin casting with molded clay molds）

　　先制作出金属范母（图 1-116），再用范母将省练好的泥料压印出阴文的泥范，泥范扣合好后，阴干焙烧成陶范（图 1-117），浇注时，陶范竖立放置，每一对陶范共用一个直浇道的铸钱工艺（图 1-118）。模印范竖式铸钱工艺是中国古代块范铸钱时期出现的一种较为特殊的铸钱技术，压印泥范似叠铸法铸钱，但扣合的钱范却又竖直浇铸，且一对陶范共用一个直浇道，仍属传统块范竖式铸钱的类型。

图 1-116　陕西临潼出土"秦半两"模印范竖式铸钱铜范母（钱径 27 毫米）

图 1-117　山东临淄出土西汉"郡国五铢"
模印范竖式铸钱陶范（完整陶范为八枚钱腔）
（残陶范中部大块面宽 78 毫米，钱腔直径
25.7 毫米）

图 1-118　河南出土西汉"郡国五铢"模印范竖式铸钱钱树
残枝（钱径约 26 毫米）

1.4.1　金属范母【金属阳模】(metal pattern, metal model)

模印范竖式铸钱中，由专门制作的陶母范浇铸出阳文的金属范母（图 1-119—图 1-122），再用金属范母模印出阴文泥范，泥范正背相合阴干、烘干后，竖直浇铸钱币。金属范母按材质主要分为铜范母和铅范母（图 1-123）两种。

图 1-119　天津博物馆藏西汉"郡国五铢"模印范竖式铸钱铜范母[39]（长 106、宽 100 毫米，钱模直径 25 毫米）

图 1-120　沈阳金融博物馆藏西汉"郡国五铢"模印范竖式铸钱铜范母（长 192、宽 98、厚 21.5 毫米）

图 1-121 山东临淄出土西汉"郡国五铢"模印范竖式铸钱铜范母（陈旭藏）（钱模直径约 26 毫米）

图 1-122　农夫山房藏西汉"郡国五铢"模印范竖式铸钱铜范母（长 149、宽 91 毫米）

图 1-123　东莞市钱币博物馆藏燕国"平阴"方足布模印范竖式铸钱铅范母（钱模长约 39 毫米）

1.4.2 模印竖范（molded clay molds for vertical pouring）

模印范竖式铸钱中，由金属范母压印出泥范，泥范正背相合成对放置阴干，再经烘干后变成组合陶范（图1-124），以备两两竖式浇铸。该种陶范（图1-125、图1-126）因要竖直浇铸，比叠铸陶范片更厚重。

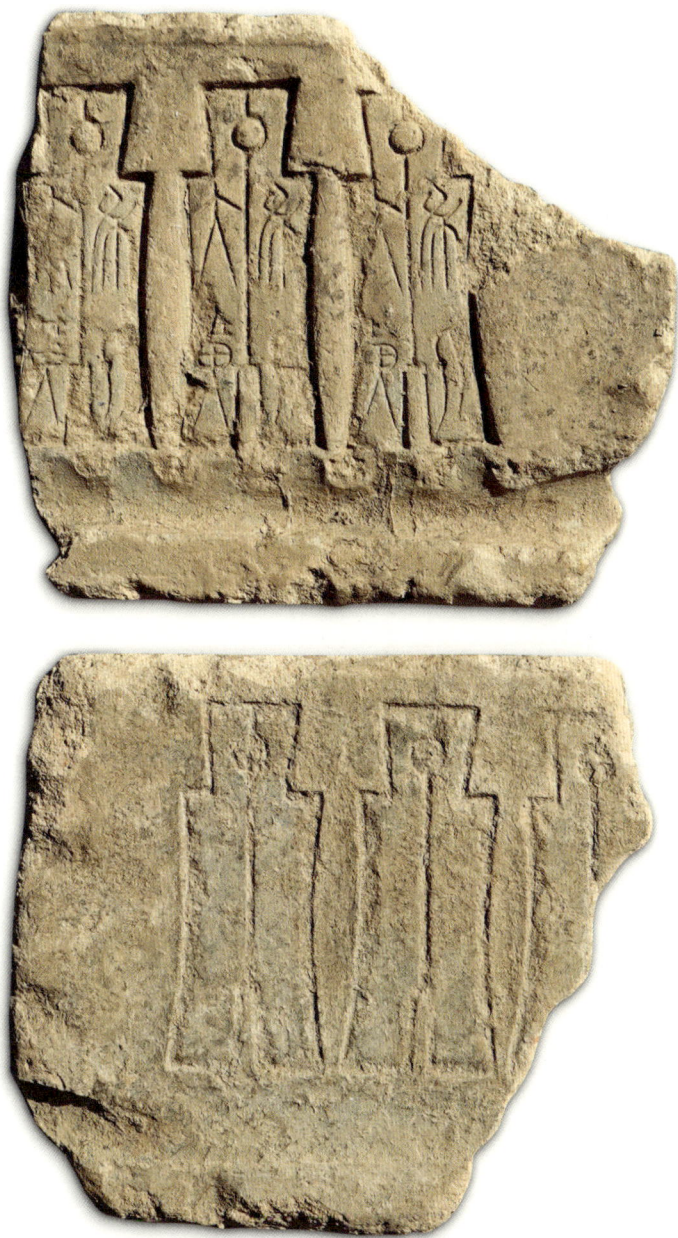

图1-124　河南安阳出土新莽"大布黄千"模印范竖式铸钱陶范面范和背范（直浇道位于范腔底部）
（上枚长90、宽104毫米，范体从上到下厚10.5—13.5毫米；下枚长89.3、宽100毫米，范体厚14毫米）

图 1-125　河南安阳出土新莽 "大布黄千" 模印范竖式铸钱陶面范（完整面范四枚钱腔）
（上枚长 62、宽 73 毫米，范体厚 11.6 毫米；下枚长 77、宽 78.7、钱腔长 56 毫米，范体厚 11.3 毫米）

图 1-126　河南安阳出土新莽"大布黄千"模印范竖式铸钱陶面范（完整面范四枚钱腔，右下为浇口杯）
（左枚长 89、钱腔长 56、范体厚 13.7 毫米；右枚长 88、钱腔长 56、范体厚 12 毫米）

1.5　合范符（mark of fit molds）

　　为保证一组面范和背范两两扣合准确，在面范和背范范面对应的位置往往刻制出同样的符号（图 1-127），以保证是正确的一组面背范；并在相合的钱范侧面刻出几道贯通的直线或图案（图 1-128），以保证面范和背范扣合准确。这种范面和范侧刻制出的用以保证合范准确的符号、直线或图案，称合范符。合范符多出现在陶范铸钱和石范铸钱工艺中。模印范竖式铸钱合范符模样（图 1-129）多设置在金属范母内壁上，模印出的泥范片自然带有合范符（图 1-130）。

1.6　范芯【陶芯】（pottery core）

　　中国古代铸造空首布时，为了铸造空首布的空銎，先用陶土制成内芯，安放在范腔内部的铸范组元。将范芯放入铸范内规定位置的操作称"下芯"（core setting）。

图 1-127   河南钱币博物馆藏战国"蔺"字圆足布陶范之箭头纹合范符

图 1-128 河南省文物考古研究院新郑考古工作站藏先秦空首布陶范之圆圈"十"字纹合范符

图 1-129 西汉"郡国五铢"模印范竖式铸钱铜范母之合范符标志（侧壁上凸起的竖条合范符模）

图 1-130 山东临淄出土西汉"郡国五铢"模印范竖式铸钱陶范之凹线合范符

关于空首布范芯的制作工艺，以河南新郑郑韩故城出土的东周铸钱遗存为例：先制作好空首布的陶面范和陶背范，两两扣合后塞入芯泥（范芯顶部普遍存在两个指头压痕）（图 1-131），模压出一定数量的泥芯，以备陶范多次铸钱之用。泥芯经过阴干、烘干后成为陶范芯。空首布陶范首部范腔提前挖刻有各自不同形状的卯坑（芯座），所模印的范芯相应出现凸起榫头，并与该套陶范固定组合使用。浇铸前，要在陶范芯上刮刻掉拟铸空首布空銎金属壁厚相当的陶土层，并在范芯面背中部位置各保留一个三角形的范芯面，当做合范浇铸时的芯撑（图 1-132）；同时，在陶范芯一面的上部斜切削掉大块芯体（图 1-133），方便与另一侧陶范首部范腔组合出浇口杯的空间。陶范下芯后，就可以浇注青铜熔液铸钱了。铸造完成的空首布，其陶芯不再取出。先秦空首布陶范都是多次使用的，同套陶范会消耗掉大量陶芯，直到陶范损毁废弃[40]。

1.7 范夹【范箍】（molds clip）

范铸法铸钱时，为保证两两扣合的钱范夹紧，在扣合的钱范侧面用铁夹、绳箍等工具夹紧，以避免涨范、跑火。这种夹紧钱范的工具称范夹、范箍（图 1-134）。

图 1-131　河南新郑郑韩故城出土先秦空首布陶范芯顶部（指头压痕）

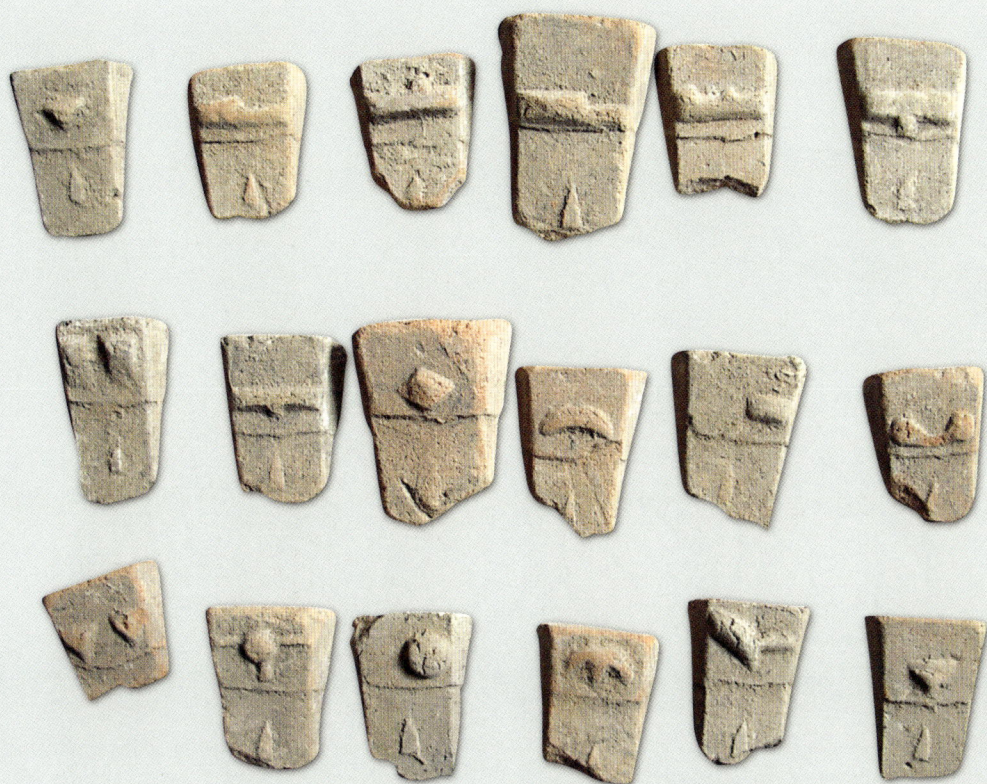

图 1-132 河南新郑郑韩故城出土先秦空首布陶范芯（榫头面）

图 1-133 河南新郑郑韩故城出土先秦空首布陶范芯（浇口杯面）

图 1-134　陕西澄城坡头村出土西汉铸 "五铢钱" 铁范夹（残件）

图 1-135　中国钱币博物馆藏新莽 "大泉五十" 叠铸陶范（长 143、宽 101.5、钱腔直径 29、单枚范片厚 7 毫米）

2 叠铸法铸钱
（coin casting with stack molds）

　　先以铜范母（阳模）翻印出众多泥质范片，层层正背相叠平放，再外糊草拌泥形成范包（图 1-135），并在阴干焙烧后共用一个直浇道垂直分层浇铸钱币的铸钱工艺。叠铸法铸钱实际上是一种模印范层叠式浇铸的铸钱工艺，仍属中国古代范铸法范畴，是中国范铸法铸钱后期的代表性铸钱技术。

图 1-136 陕西西安杜城遗址出土西汉铸"荚钱"铜范母之陶母范面范（陕西省考古研究院藏）
（钱腔直径约 13 毫米）

2.1 陶母范（pottery mold for casting bronze model）

在叠铸法铸钱工艺中，陶母范是铸造铜范母的陶范，所铸铜范母再用来模印范片，是铜范母之范，故亦称"母范"，以区别于模印范片的铜范母。

制作铜范母，以荚钱铜范母的制作较为简单、原始，以陕西西安杜城遗址出土实物为例，在陶坯上刻制陶母范面范（图 1-136）和背范（图 1-137），正背范

图 1-137 陕西西安杜城遗址出土西汉铸"荚钱"铜范母之陶母范背范（陕西省考古研究院藏）

扣合后铸造铜范母。杜城遗址出土陶母范面范半成品（图 1-138），清晰呈现出刻制的特征。

图 1-138　陕西西安杜城遗址出土西汉铸"荚钱"铜范母之陶母范面范（刻制半成品）（陕西省考古研究院藏）
（钱腔直径约 13 毫米）

　　存世的"更始五铢"陶母范（图 1-139、图 1-140）的制作则较为复杂，其表面痕迹是模印而成，不是刻制。可以推测，制作"更始五铢"陶母范时采用了石质祖模，即首先刻制与铸钱范片一致的石质阴文祖模，再用石祖模压印出阳文的泥母模，经阴干、烘干后制成陶母模，组合陶母模和范母圈壁模，压印出泥母范，经阴干、烘干后制成陶母范，陶母范面范与陶母范背范组合浇铸出铜范母。

图 1-139　陕西西安出土铸"更始五铢"铜范母之陶母范面范（残长 99、钱腔直径 26.2 毫米）

图 1-140　陕西西安出土铸"更始五铢"铜范母之陶母范面范背图（残长 99 毫米）

2.2 石祖模【石质祖模】（stone pattern, stone model）

先选择石质平板刻制出拟铸造的铜范母的样子（图 1-141），是制作铜范母的第一步。

2.3 铜范母【铜阳模】（bronze pattern, bronze model）

由专门制作的陶母范浇铸而成，经修整后模印泥范片组成叠铸范包。铜范母钱文是阳文的，用来压印阴文的铸钱用范片，是范片之母，故称"范母"。出土的铜范母实物背面有"母"（图 1-142）"母一""母二"（图 1-143）"母三"（图 1-144）"新母"（图 1-145）等字样。存世叠铸范母基本都为青铜材质，称"铜范母"。

2.4 范片【叠铸范片】（molded thin clay mold）

叠铸法铸钱中，由铜范母（阳模）压印出的阴文泥质片状钱范，阴干焙烧后称陶范片（图 1-146—图 1-149）。

图 1-141　模拟新莽"货泉"叠铸法铸钱石祖模实验图（长 120、宽 68 毫米）

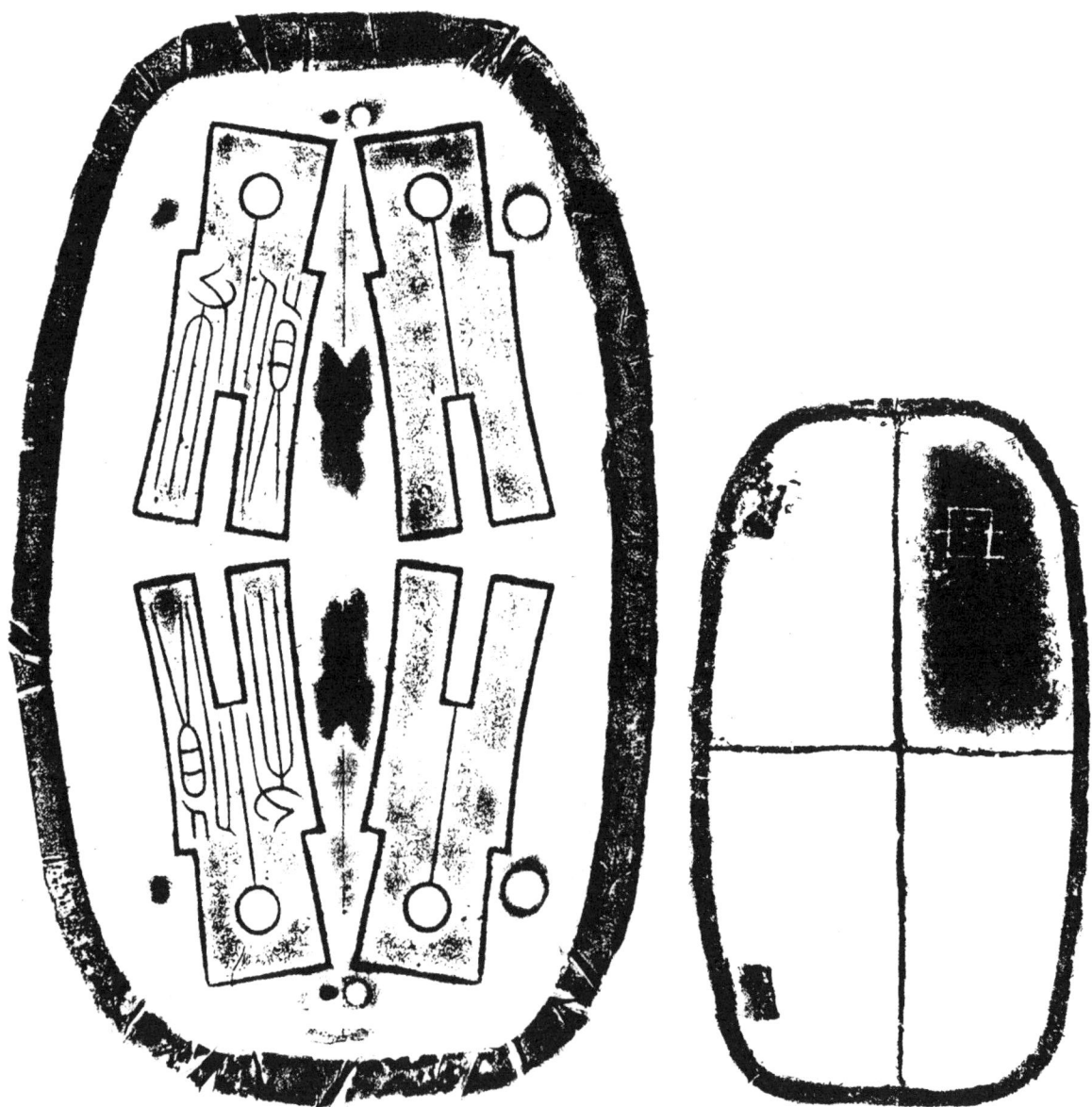

图 1-142　陕西历史博物馆藏新莽"货布"铜范母背"母"[41]拓片（钱模长 59.5 毫米）

图 1-143 南阳市博物院藏新莽"布泉"铜范母背"母二"（钱模直径约 26 毫米）

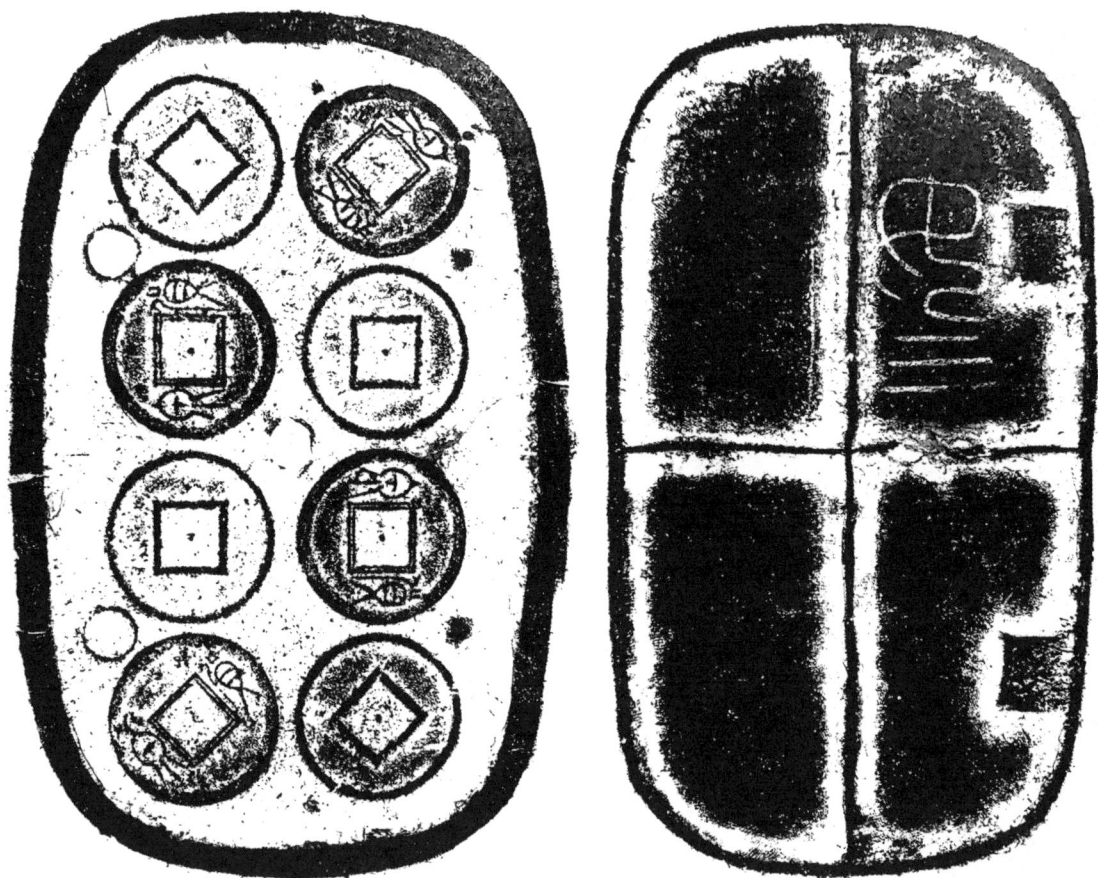

图 1-144　西安市文物局藏新莽"货泉"铜范母背"母三"[42] 拓片（钱模直径 23 毫米）

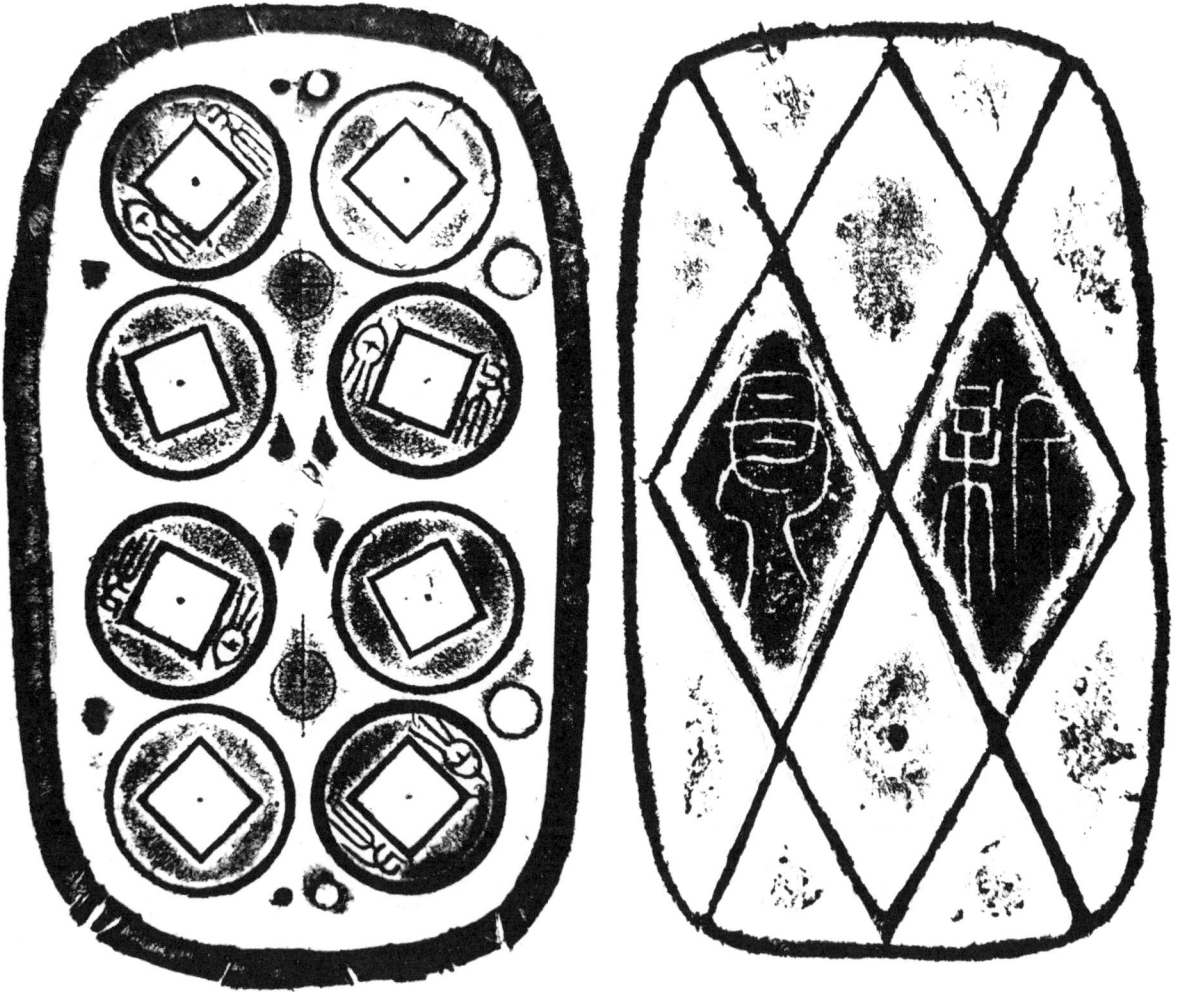

图 1-145　陕西历史博物馆藏新莽"布泉"铜范母背"新母"[43] 拓片（钱模直径 27 毫米）

图 1-146　山西出土西汉"五铢"叠铸陶范片正背图（钱腔直径约 27 毫米）

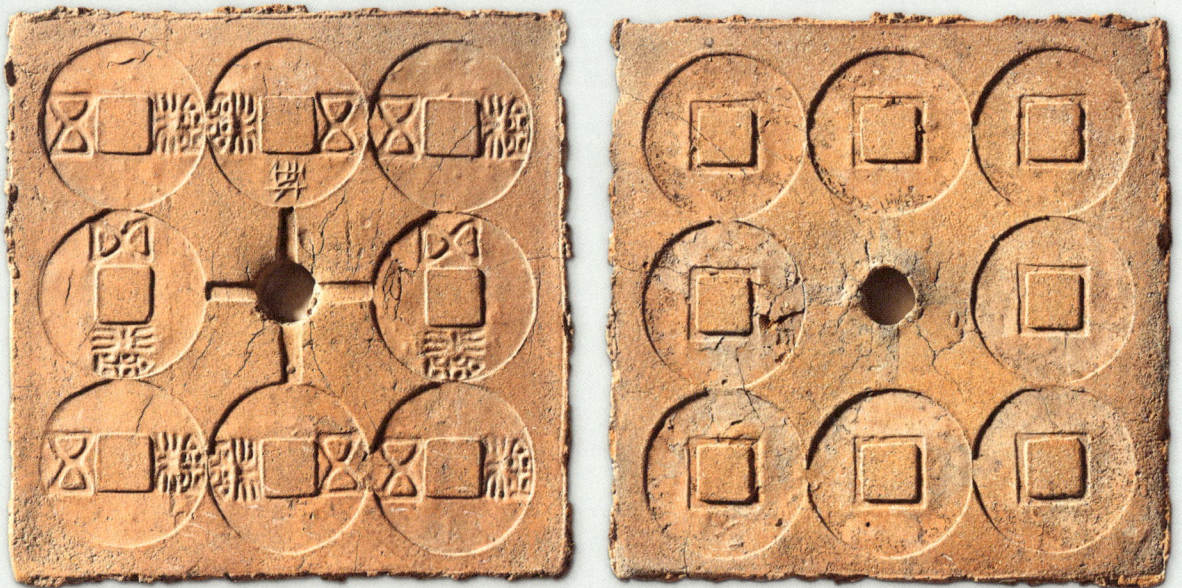

图 1-147　中国钱币博物馆藏南朝萧梁"公式女钱"叠铸陶范片正背图
（长 73.5、宽 72、厚 3.6、钱腔直径约 23 毫米）

图 1-148　浙江杭州出土南朝宋 "孝建四铢" 双面叠铸陶范片拼合示意图（钱腔直径 12.2、范厚 1.7 毫米）[44]

（放大）

图 1-149　浙江杭州出土南朝宋 "孝建四铢" 双面叠铸陶范片正背图
（残长 38、残宽 35、钱腔直径 12.2、范厚 1.7 毫米）[45]

2.5 范包（clay molds group）

叠铸法铸钱中，由金属范母压印出的阴文泥范片层叠成柱状体，外糊草拌泥，包裹成整体，顶部设置出浇口杯，阴干焙烧后可浇注金属液的陶范集合体（图 1-150—图 1-152）。浇铸后，敲碎陶范包可见立体钱树。

2.6 榫卯（mortise and tenon）

榫卯本是一种古老的木作名词，凸出部分叫榫（或榫头），凹进部分叫卯（或卯眼），榫和卯咬合，起到连接和固定作用。榫卯在中国木构建筑、家具、器械中广泛使用。中国古代铸钱工艺中也时常采用榫卯定位技术，即钱范两两扣合时，一面钱范上的榫或卯，对应另一面钱范上的卯或榫，以榫卯定位（图 1-153），达到钱范正背精确扣合的效果。榫卯定位技术在叠铸法铸钱中使用最为普遍。叠铸法铸钱中，榫卯多设置在范母、范片钱形之外的平面上，也偶有设置在钱形中间位置的（图 1-154—图 1-156）。

图 1-150　陕西西安杜城遗址出土西汉铸"荚钱"叠铸陶范包正面图（陕西省考古研究院藏）（钱腔直径约 13 毫米）

图 1-151　陕西西安杜城遗址出土西汉铸"荚钱"
叠铸陶范包侧面图（陕西省考古研究院藏）

图 1-152　中国钱币博物馆藏南朝萧梁"公式女钱"
叠铸陶范包

图 1-153　山东临淄出土西汉"郡国五铢"模印竖浇陶范片的榫卯
（右边大块范面残宽 76、钱腔直径 25.7 毫米）

图 1-154　上海博物馆藏"魏晋五铢"铜范母（彩图及拓片图）之钱穿内榫卯 [46]
（长约 111、宽约 68、钱模直径约 23.5 毫米）

（放大）

图 1-155 江苏南京出土南朝刘宋"四铢"叠铸陶范之钱穿内面榫背卯
（左上枚长 25.3、宽 23.4、钱腔直径 23 毫米）

2.6.1 榫【榫头、凸榫】（tenon）

铸钱模范上用于定位的凸出的部分叫榫，或榫头、凸榫。

2.6.2 卯【卯眼、卯口、榫眼、榫槽】（mortise）

铸钱模范上用于定位的凹进的部分叫卯，或卯眼、卯口、榫眼、榫槽。

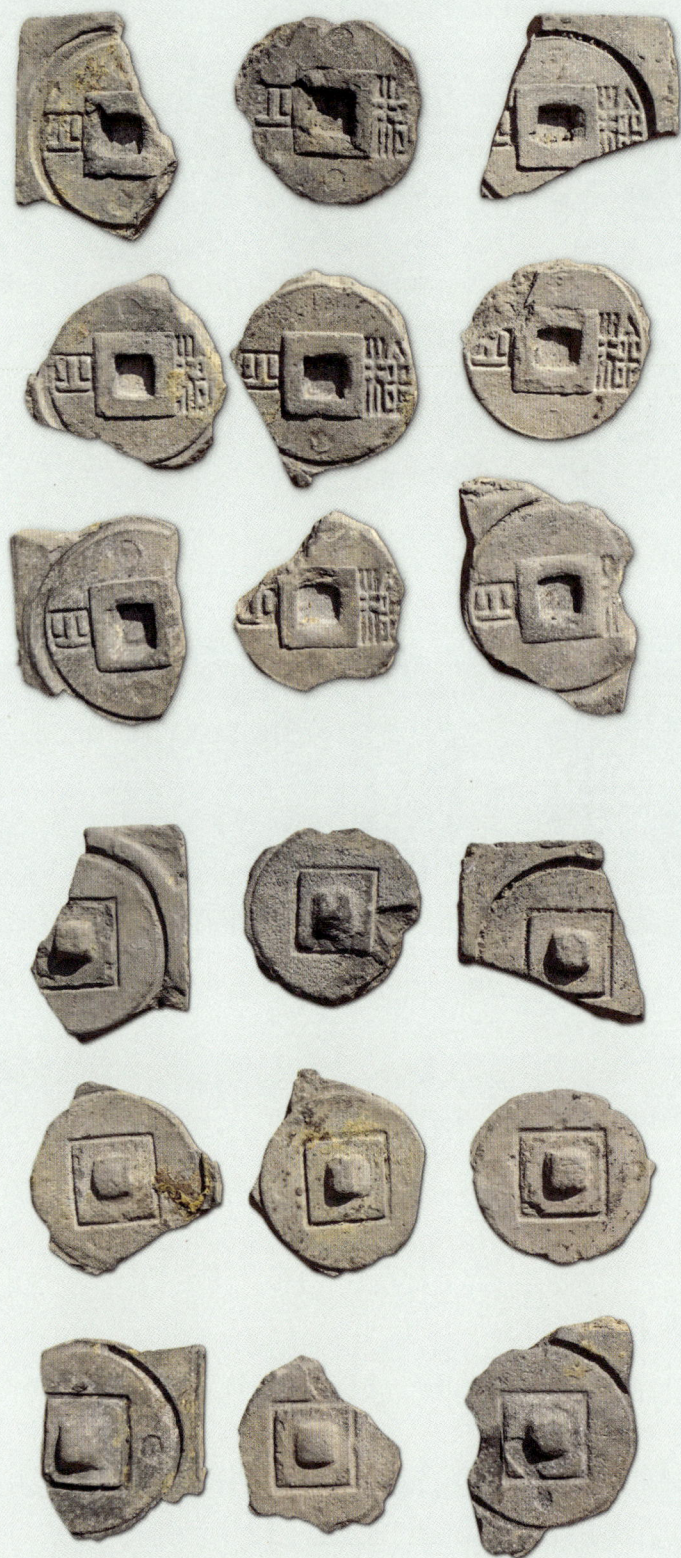

图 1-156　江苏南京出土南朝
刘宋"四铢"叠铸陶范之钱穿
内面卯背榫（钱腔直径 23 毫米）

第五节　翻砂法铸钱

（Coin Casting with Sand Molds）

1 翻砂【造型】（molding）

用型砂、模样等材料工具制造砂型的方法和过程。

2 母钱翻砂（molding with pattern coins）

用型砂、母钱、浇道模等材料工具制造铸钱砂型的方法和过程。翻砂法铸钱的核心就是母钱翻砂。

3 钱样（coin sample）

铸造钱币之前，刻制出拟铸钱币的样子，供主管官员审核。清朝铸钱局的钱样是用洁净细腻的象牙刻制的，由钱法堂侍郎鉴定（图 1-157）。

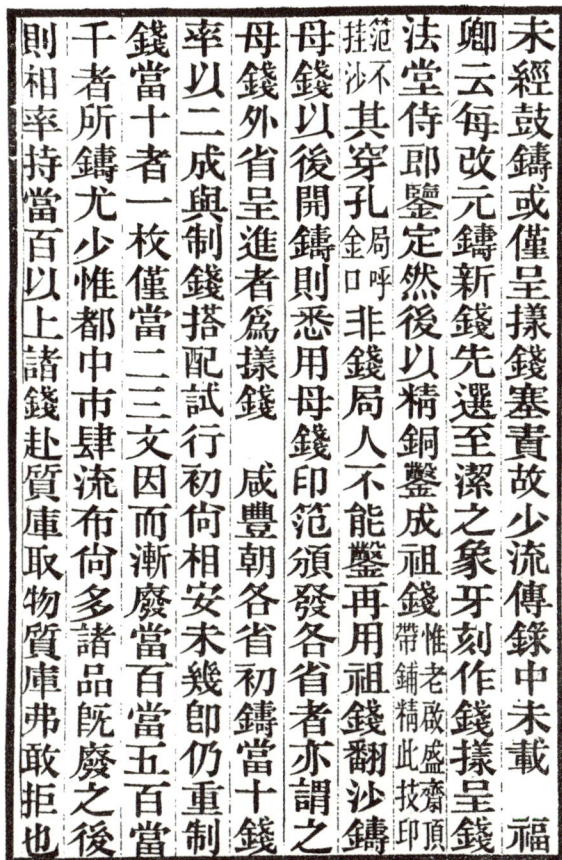

图 1-157　鲍康《大钱图录》之铸新钱流程

相关铸钱文献及解读

《大钱图录》记载："福卿（宝泉局监督许景福）云：每改元铸新钱，先选至洁之象牙刻作钱样，呈钱法堂侍郎鉴定。然后以精铜凿成祖钱（惟老启盛斋顶带铺精此技，印范不挂沙），其穿孔（局呼'金口'），非钱局人不能凿。再用祖钱翻沙铸母钱，以后开铸则悉用母钱。印范颁发各省者，亦谓之母钱。外省呈进者，为样钱。"[47] 文献中列举了清朝铸新钱的流程，即先刻制象牙钱样，经钱法堂侍郎审定后，刻制精铜祖钱，祖钱开金口后翻铸母钱，再用母钱翻砂大量铸造普通制钱。

4 祖钱【雕母】（grandfather coin, carved coin as pattern）

明清铸钱，钱样被选定后，便依样用精炼铜雕刻成祖钱，钱币收藏界多称为"雕母"。祖钱未被采用前，其中间方形或圆形穿口没有完全凿开，俗称"金口未开"（图1-158）；祖钱一旦被采用，便由铸钱局指定专门工匠凿开，俗称"开金口"，用来制作母钱。

5 母钱（coin as pattern）

用开金口的祖钱经过精细翻砂铸造而成。母钱形制规整、地章光洁、字口清晰。母钱（图1-159、图1-160）是翻砂铸钱的母模，用来翻砂铸造大量的流通钱币。

图 1-158　中国钱币博物馆藏清"咸丰重宝"宝源局当十"金口未开"雕母钱（钱径36.9毫米）

图 1-159　中国钱币博物馆藏清"咸丰重宝"宝泉局当十铁钱母钱（钱径 38.5 毫米）

图 1-160　中国钱币博物馆藏清"光绪重宝"宝泉局当十母钱（钱径 31.5、厚 2.1 毫米，重 10.3 克）

6 样钱（sample coin）

　　中央政府给各地铸钱机构发放的标准铸钱，作为各地铸钱的标准样式（图 1-161—图 1-163），虽然《大钱图录》记载翻铸颁发各省的铜钱也称为母钱，其情况较为复杂，要具体辨析颁发钱币的工艺特点和性质，再确定其为母钱或样钱。通常情况下，中央颁发各省铸钱数量少，多是示范意图，各省不可能依此组织大量翻砂铸钱，其本质仍是样钱。各地铸造铜钱要定期进呈中央以备审核，各地进呈的铸钱称为样钱（图 1-164）。在京铸钱局还要定期铸行铜钱供奉内廷，也称样钱。

相关铸钱文献及解读

　　《石渠余记·记制钱品式》记载："自雍正改为一钱二分，轻重适中。后虽钱齐（剂）不同，而品式无改，惟供用内廷者为样钱，样钱百重一斤，其齐（剂）仍铜六铅（'白铅'，即锌）四。"[48]文献中，钱局供用内廷的铜钱也称为样钱。

图 1-161　中国钱币博物馆藏清"道光通宝"阿克苏局部颁样钱
（钱径 27.5 毫米，重 5.6 克）

图 1-162　中国钱币博物馆藏清"光绪通宝"宝伊局
部颁样钱（钱径 27.3 毫米）

图 1-163　中国钱币博物馆藏清"光绪通宝"宝南局
部颁样钱（钱径 27.3 毫米）

图 1-164　中国钱币博物馆藏清"咸丰重宝"宝浙局当五十样钱
（钱径 57.2、厚 4.3 毫米，重 73.3 克）

7　流通钱（coin）

历朝铸行的用于流通的普通铜钱，以区别于祖钱、母钱和样钱等。明清时期称官铸流通钱为制钱。

8　制钱（official coin）

明清时期官府铸行的铜钱的称谓，以区别于前朝留下的旧钱和本朝私铸钱。

9　直浇道模（sprue pattern）

与母钱一起放置在平整的砂型表面，用来翻印出直浇道（图 1-165）。

10　型砂（molding sand）

母钱翻砂法铸钱的范型材料，与传统范铸法中的陶范、石范、金属范等硬范相比，属于软范、软型，可以打碎重复使用，降低了生产成本，提高了铸钱效

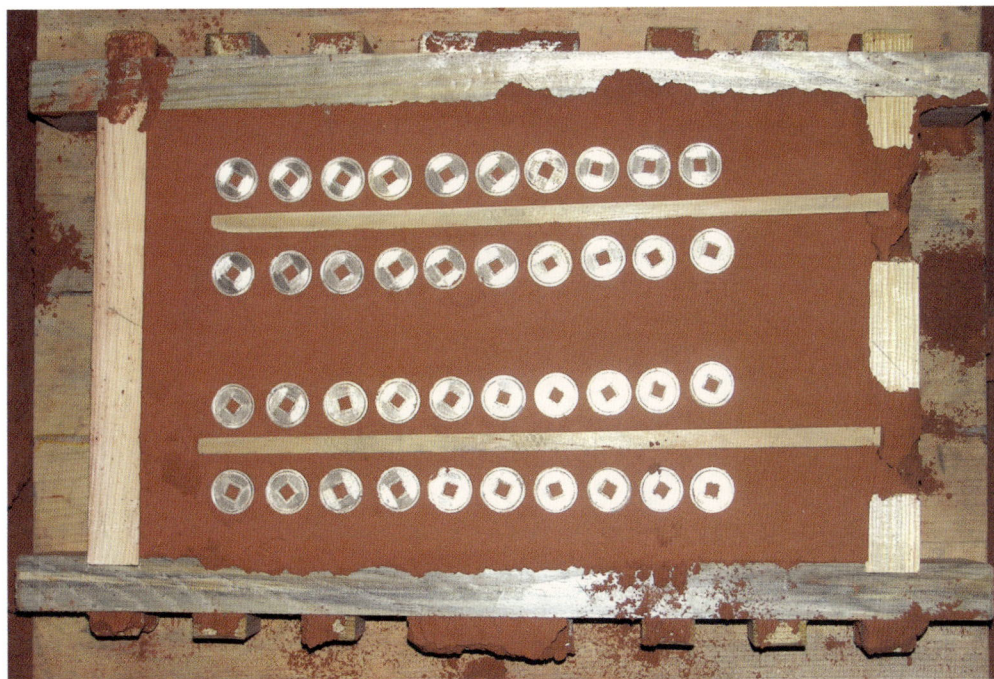

图 1-165　直浇道模翻砂实验图

率。型砂分天然型砂和混合型砂，天然型砂是天然沉积的含有适量黏土的硅砂；混合型砂是按一定比例混合的造型材料，经过混制，符合造型要求的混合料。

11 砂型【铸型】（sand mold）

用型砂制成的铸型（图1-166）。砂型用砂箱支撑时，砂箱也是铸型的组成部分。不可将铸型称为"铸模"或"模型"。

12 砂箱（flask, molding box）

容纳和支承砂型的硬框，是构成铸型的一部分（见图1-166）。

图 1-166 翻砂铸钱实验中制作的砂型和砂箱

13　砂舂（sand rammer）

手工翻砂时，舂实砂箱内型砂用的手动工具，如同杵。

14　填砂（mold-filling）

将制备好的型砂填充砂箱的过程。

15　舂砂【压实】（ramming）

翻砂造型时，用砂舂将填入砂箱的型砂上下垂直舂紧压实的操作（图 1-167）。

图 1-167　模拟翻砂铸钱实验中舂砂操作

16　刮砂（strike-off）

将高出砂箱顶面的型砂，用刮板刮掉的操作。

17　修型（patching）

修整完善砂型表面，修补砂型紧实度不够和起模损坏部分及施涂料的操作。

18　拨砂刀【刮刀】【镘刀】（scraper）

一端或两端带有平板形、尖形、圆弧形或"V"形薄硬片的拨砂修型工具，主要用于刮通直浇道和钱腔之间的内浇道，以及钱腔与钱腔之间的内浇道。

19　拨砂（scraping through）

用拨砂刀刮通直浇道和钱腔之间的内浇道，以及钱腔与钱腔之间的内浇道，以形成完整浇注系统的操作（图 1-168）。拨砂过深、过度会造成缺陷，钱币铸件会形成多余砂状金属凸块。

图 1-168　模拟拨砂实验中用 "V" 形拨砂刀拨通内浇道

图 1-169　模拟翻砂铸钱实验中合箱操作

20　通气针（vent wire）

在砂型上扎通气孔用的造型用具。

21　起模（stripping）

使母钱、浇道模与砂型分离的操作。

22　合型【合箱】
［mold assembling, closing (sand molding)］

将铸型的各个组元如上型（上箱）、下型（下箱）等合成一个完整铸型的操作（图 1-169）。

23　充型（mold filling）

铸造过程中熔融金属液通过一定的流动通道向铸造型腔中充填的过程。

24　分型面（mold joint, mold parting, parting face）

为了使母钱及直浇道模能从铸型中顺利取出，将铸钱型腔以面的形式分出上下两个砂型（砂箱），砂型分离的面称为分型面。

25 开箱（opening）

砂型浇注后，待钱币铸件冷却至落砂温度时，将上下砂箱打开的操作。

26 钱树（coins tree）

翻砂法铸钱中，浇铸完成后开箱取钱，得到的树枝状的钱币铸件。钱树保留了完整的浇道铸柄和毛坯钱币（图 1-170—图 1-172）。

图 1-170　北周"五行大布"钱树（直浇道柄截面为半圆形）（钱径约 28 毫米）

图 1-171　辽宁辽阳出土后金天命汗钱翻砂钱树残枝（直浇道柄截面为椭圆形）

图 1-172　北京出土清"光绪重宝"宝源局当十钱树残枝（直浇道柄截面为菱形）

27　看火（watch fire, smelting metal）

熔炼铸钱合金熔液工序的操作。古代负责看火工序的匠人称"看火匠"。

28　锉边【剉边】（file the edge of the coin）

锉掉钱币边缘残余的铸柄和飞翅的操作。

29　滚边【镟边】（grind the edge of the coin）

用金属方棍（《工部厂库须知》称"铁车铜"[49]）将钱币串在一起，整体旋转打磨钱币边侧的操作（图 1-173—图 1-178）。古代负责滚边和锉边工序的匠人称"滚锉匠"。

图 1-173　鄂州市博物馆藏六朝串钱漆器（墓葬明器，如同摇钱树）

图 1-174　长江出水唐"乾元重宝"大钱滚边痕迹

图 1-175　江苏南京出土南唐"开元通宝"钱滚边痕迹

图 1-176　长江出水北宋"崇宁通宝"大钱滚边痕迹

图 1-177　中国钱币博物馆藏清"同治重宝"宝桂局当十部颁样钱及其滚边痕迹
（钱径 35.9、厚 2.4 毫米，重 16.2 克）

图 1-178　黑龙江省博物馆藏清"宣统通宝"大制钱及其滚边痕迹（钱径 24 毫米）

30 磨钱【磨面】（grind the surface of the coin）

打磨钱币正面和背面的操作（图 1-179—图 1-181）。在范铸法铸钱时期，因陶质、石质、青铜质、铁质等范面相对平整，所铸钱币正面和背面都相对平整光洁，不需要磨钱工序。在翻砂法铸钱时期，由于砂型表面密布颗粒砂眼，所铸造钱币表面也呈现颗粒状形态，再加上钱币形制演变中外缘逐渐加宽，更凸显了翻砂铸钱砂痕的粗糙，为了钱币美观，需要打磨钱币表面。磨面工序是翻砂铸钱时期才出现的钱币加工环节。

31 洗眼（file the square hole of the coin）

锉磨修整钱币方形穿口的操作（图 1-182、图 1-183）。古代负责磨钱和洗眼工序的匠人称"磨洗匠"。

图 1-179 长江出水唐"乾元重宝"大钱磨面痕迹（钱径 29.5 毫米）

图 1-180 南明"永历通宝"背"壹分"大钱及其磨面痕迹（钱径 36 毫米）

图 1-181 中国钱币博物馆藏清"光绪重宝"宝直局当十部颁样钱磨面痕迹（钱径 33.2、厚 2.2 毫米，重 12.9 克）

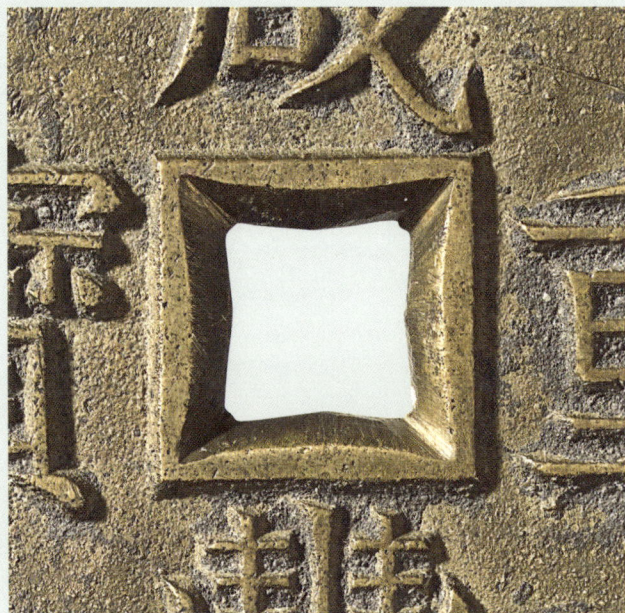

图 1-182　中国钱币博物馆藏清"咸丰重宝"宝浙局当五十样钱及其洗眼痕迹放大图
（钱径 57.2、厚 4.3 毫米，重 73.3 克）

图 1-183　中国钱币博物馆藏清"咸丰元宝"宝泉局当五百大钱及其洗眼痕迹放大图
（钱径 59.4、厚 4.4 毫米，重 67.2 克）

32 刷灰【清砂】（cleaning）

刷除清洗粘附在钱币地章表面上残灰和细砂的操作（图 1-184）。古代负责刷灰工序的匠人称"刷灰匠"。

（放大）

图 1-184　中国钱币博物馆藏清"同治通宝"宝昌局部颁样钱及其砂灰痕迹放大图
（钱径 26.3、厚 1.9 毫米，重 7.2 克）

1 铸造缺陷（casting defect）

铸钱生产过程中，由于种种原因，在所铸钱币表面和内部产生的各种缺陷的总称。

2 飞翅【飞边】（joint flash, fins）

浇注时，熔融金属渗入钱范分范面或砂型分型面的间隙而形成的薄片状金属突起物，形似"飞翅"（图1-185、图1-186）。钱币收藏界多称该缺陷为"流铜"，并不准确。范铸法铸钱和翻砂法铸钱都可出现这种缺陷。

3 脉纹（veining, finning）

由于钱范（特别是陶质钱范，也有石质钱范）或铸钱砂型出现龟裂，浇注的熔融金属液渗入其中，形成不规则线状、枝杈状、网脉状突起物（图1-187—图1-189）。范铸法铸钱和翻砂法铸钱都可出现这种缺陷，即"范铸脉纹"（图1-190—图1-193）和"翻砂脉纹"（图1-194）。

图 1-186　西汉上林官铸"五铢"内穿及外缘飞翅
（钱径约 27 毫米）

图 1-185　西汉"郡国五铢"外缘飞翅
（钱径 27 毫米）

图 1-187   "秦半两"正面脉纹缺陷
（面范裂缝所致）（钱径 28 毫米）

图 1-188   "汉初半两"正面脉纹缺陷
（面范裂缝所致）（钱径 24.5 毫米）

（放大）

图 1-189   西汉"四铢半两"正背面脉纹缺陷
（叠铸陶范裂缝所致）（钱径 25 毫米）

（放大）

图 1-190   新莽"大泉五十"背面脉纹缺陷
（背范裂缝所致）（钱径 28.8 毫米）

（放大）

图 1-191　新莽"货泉"正背面脉纹缺陷
（叠铸陶范裂缝所致）（钱径 24.6 毫米）

（放大）

图 1-192　新莽"饼货泉"正背面脉纹缺陷
（叠铸陶范裂缝所致）（钱径 28 毫米）

图 1-193　五代十国南汉"乾亨重宝"铅钱背面脉纹缺陷
（石质背范裂缝所致）（钱径 26.5 毫米）

图 1-194　唐"开元通宝"背面脉纹缺陷
（背面砂型裂缝所致）（钱径 24.9 毫米）

4 掉砂（crush, drop）

由于砂型的局部损坏，导致所铸钱币局部多肉。母钱翻砂时，母钱表面有时会粘掉砂型表面的砂粒，也会造成所铸钱币局部多肉（图1-195—图1-197）。

5 拨砂过度（scraping sand too deep）

翻砂铸钱过程中，在拨通直浇道和钱腔之间的内浇道，或钱腔和钱腔之间的内浇道时，由于拨砂过深导致所铸钱币相关部位局部增厚（图1-198—图1-200），形成多余砂状隆起金属凸块。拨砂过度缺陷是翻砂铸钱独有的铸造缺陷。

（放大）

图1-195　北魏"永平五铢"正面掉砂缺陷
（钱径23.5毫米）

（放大）

图1-196　南朝"陈五铢"背面掉砂缺陷
（钱径24.6毫米）

（放大）

图1-197　唐"开元通宝"背面掉砂缺陷
（钱径约24.5毫米）

（放大）

图1-198　北魏"永平五铢"拨砂过度缺陷
（右上角）（钱径23.3毫米）

6 涨范【抬范】（cope raise, raised mold, swelling）

范铸法铸钱时，由于熔融金属液的浮力使扣合不紧的钱范局部或全部撑开抬起，金属液进入钱范间隙，在分范面上发生平板状突起，造成所铸钱币厚度增加，钱币外缘出现多余飞翅（图 1-201、图 1-202）。

（放大）

图 1-199 南朝"陈五铢"拨砂过度缺陷（左下角）（钱径 24.8 毫米）

图 1-200 辽宁辽阳出土后金"天命汗钱"钱树拨砂过度缺陷（钱径约 27 毫米）

图 1-201 新莽"布泉"涨范缺陷（钱径 27.2 毫米，不含脉纹）

图 1-202 新莽"饼货泉"涨范缺陷（钱径 23 毫米，不含边缘脉纹）

7 涨箱【抬箱】（cope raise, raised mold, swelling）

翻砂法铸钱时，由于熔融金属液的浮力使扣合不紧的砂箱、砂型局部或全部撑开抬起，金属液进入砂箱、砂型间隙，在分型面上发生平板状突起，造成所铸钱币厚度增加，钱币外缘出现多余飞翅。

8 气孔（blowholes, gas hole）

在所铸钱币表面或钱肉内由气体形成的内表面光滑的孔洞类缺陷，是由于浇注温度低，陶范、砂型透气性不好，陶范（图 1-203）、砂型（图 1-204）发气量大等原因造成的。

9 缩孔（shrinkage cavity）

钱币铸件在凝固过程中，由于补缩不良而产生的孔洞。常出现在所铸钱币最后凝固部位、厚断面处或壁厚变化大的部位（图 1-205—图 1-209）。

10 缩陷（depression）

钱币铸件在凝固过程中，由于补缩不良，在凝固速度慢的部位形成的浅的凹陷，往往出现在所铸钱币最后凝固部位、厚断面处或壁厚变化大的部位的上表面。凝固速度慢的部位体积收缩未能得到充分的补缩，未凝固表面下陷而形成凹坑（图 1-210）。

11 冷隔（cold lap, cold shut）

熔融金属合流处的铸造钱币表面出现隔缝，冷隔缝与表面垂直，边缘带圆角（图 1-211）。缺陷位置一般出现在所铸钱币的宽大表面，低温金属流汇合的部位。原因有金属流的前沿温度过低，两股金属流不完全熔合或完全不熔合；浇注速度低，金属液停流；浇注温度低，金属液合流处不熔合；陶范、砂型透气性差，范型内气体压力高等。冷隔多出现在金属液流动的最远端（图 1-212）。

图 1-203 中国钱币博物馆藏新莽"国宝金匮直万"及其气孔缺陷放大图（长 63.4、宽 37.7 毫米）

图 1-204 中国钱币博物馆藏清"咸丰通宝"宝福局当一百大钱及其气孔缺陷放大图

图 1-205　战国"安阳"方足布首部缩孔缺陷
（长 52、肩宽 26 毫米）

图 1-206　河南扶沟出土战国中型银板缩孔缺陷（长约 140、宽约 64 毫米）

图 1-207　河南扶沟出土战国短型银板缩孔缺陷
（长约 84、宽约 58 毫米）

图 1-208　战国"秦半两"缩孔缺陷（左一钱径 35.6、右一钱径 35.8 毫米）

图 1-209　六朝"五金"缩孔（穿口上部）、浇不足（右下）缺陷（钱径 19.6 毫米）

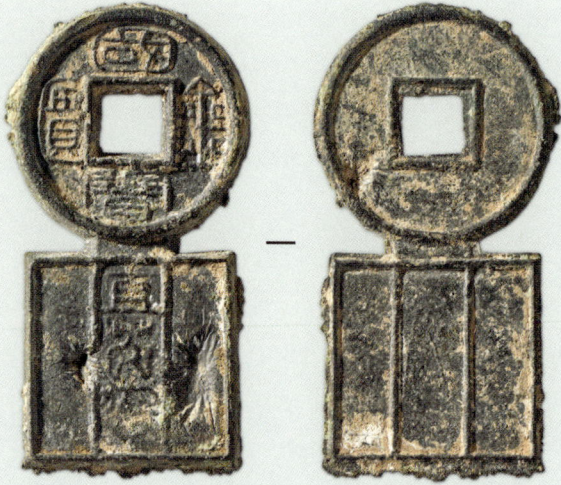

图 1-210　中国钱币博物馆藏新莽"国宝金匮直万"面部缩陷
（"直万"左右各一缩陷凹坑）（长 63.4、宽 37.7 毫米）

图 1-211　"汉初半两"冷隔缺陷（穿口上部）
（钱径 24.3 毫米）

图 1-212　"秦半两"冷隔缺陷出现在铸柄对面
（钱径 26 毫米，不算铸柄）

图 1-213　战国"禾邑"方足布肩部浇不足缺陷
（长 48.5、肩宽 26.5 毫米）

12　浇不足【浇不到】（misrun）

铸造钱币残缺或轮廓不完整。常出现在远离浇口的部位及薄壁处（图 1-213）。浇不足缺陷的成因有浇注温度过低，熔融金属的流动性和填充性差（图 1-214—图 1-218），铸造钱币的内浇道截面过小，钱范、砂型的排气不充分等。

图 1-214 "秦半两"浇不足缺陷（左下）
（钱径 27 毫米，不含铸柄）

图 1-215 新莽"货泉"连钱浇不足缺陷
（钱径 24.3 毫米）

图 1-216 "魏晋五铢"浇不足缺陷
（钱径 23.3 毫米）

图 1-217 五代十国南汉"乾亨重宝"铅钱浇不足缺陷
（钱径 25.4 毫米）

图 1-218 辽宁辽阳出土后金"天命汗钱"浇不足缺陷
（钱径约 29 毫米）

13　未浇满（poured short, short pours）

　　铸件上部产生缺肉，其边角略呈圆形（图 1-219），多因浇注熔融金属液量不足，未填满钱范、砂型所致。

图 1-219　中国钱币博物馆藏战国短型银板未浇满缺陷
（长 77.7、宽 57.7、厚 2.6 毫米，重 89.4 克）

14　跑火（bleeding from parting, run-out from parting）

　　因浇注过程中金属液从分范面、分型面处流出而产生的铸造钱币分范面、分型面以上部分严重凹陷和残缺。有时会沿未充满的范腔、型腔表面留下类似飞翅的残片。

图 1-220　新莽"货泉"背面错范缺陷
（钱径 22.3 毫米）

15　错范（shift）

　　范铸法铸钱时，由于合范时错位，铸造钱币在分范面错开，钱币正背轮廓不在一个同心圆上，呈上下交错状（图 1-220）。

16 错箱【错型】（shift）

　　翻砂法铸钱时，由于合箱、合型时错位，铸造钱币在分型面错开，钱币正背轮廓不在一个同心圆上，呈上下交错状（图 1-221—图 1-223）。

17 春移【叠纹】（ram away, ram off）

　　模印范竖式铸钱或叠铸法铸钱时，由于春压泥范片方向偏差，导致泥范片局部偏离范母模样，出现文字或缘郭重叠的缺陷（图 1-224—图 1-229）。翻砂铸钱时，春砂过程中，砂型局部偏离母钱造成的钱币文字、缘郭重叠缺陷（图 1-230—图 1-232）。春移导致的叠纹位移较小，若出现大幅位移的叠纹现象，多是范片或母钱意外重复压印所致，属叠纹缺陷。

18 月纹（crescent moon pattern）

　　母钱翻砂过程中，由于母钱意外掉落到型砂上，在钱腔压出的边痕，因多形似蛾眉月，称"月纹"（图 1-233—图 1-237）。此种月纹是铸造失误所致，不是中国古代钱币背面专门设计的蛾眉月图案（图 1-238）。

图 1-221　唐"会昌开元通宝"背"益"正面错箱缺陷
（钱径约 24.5 毫米）

图 1-222　唐"乾元重宝"背面错箱缺陷
（钱径 24.8 毫米）

图 1-223　南宋"绍兴元宝"篆书折二钱背面错箱缺陷
（钱径 29.1 毫米）

（放大）

（放大）

图 1-224　战国燕国"一刀"圜钱模印范竖式铸
　　　　　钱春移缺陷（上枚钱径 21 毫米）

（放大）

图 1-225　西汉"四铢半两"春移缺陷
　　　　　（钱径 26.4 毫米）

（放大）

图 1-226　新莽减重"大泉五十"面部
　　　　　春移缺陷（钱径 24.8 毫米）

图 1-227　新莽"大泉五十"叠铸范片呈现出重叠"十"字春移缺陷
　　　　　（钱径约 27 毫米）

图 1-228　叠铸法铸钱实验中验证春移缺陷（钱径 27 毫米）

（放大）

图 1-229　"东汉五铢"正面叠铸春移缺陷
（钱径 25.3 毫米）

（放大）

图 1-230　北魏"永平五铢"正面翻砂春移缺陷
（钱径 23.2 毫米）

（放大）

图 1-231　北魏"永平五铢"背面翻砂春移缺陷
（钱径 23.8 毫米）

（放大）

图 1-232　唐"乾元重宝"背面翻砂春移缺陷
（钱径 29.5 毫米）

（放大）

图 1-233　北周"布泉"正面月纹缺陷
（钱径 26 毫米）

（放大）

图 1-234　南朝陈"太货六铢"背面月纹缺陷
（钱径 26 毫米）

图 1-235　唐"乾元重宝"背面月纹缺陷
（钱径 29.5 毫米）

图 1-236　北宋"圣宋元宝"背面月纹及春移缺陷
（钱径 25.6 毫米）

图 1-237　北宋"崇宁重宝"大钱背面月纹缺陷
（钱径 33.5 毫米）

图 1-238　唐"武则天开元通宝"背面固定斜月纹
（非月纹缺陷）（钱径约 25 毫米）

19　叠纹（overlap）

　　模印范竖式铸钱或叠铸法铸钱时，由于压印泥范片方向偏差，导致泥范片局部偏离范母模样，或者泥范片面背扣合错误，出现文字或缘郭重叠的缺陷（图 1-239）。翻砂铸钱时，舂砂过程中砂型局部偏离母钱造成的，或者母钱意外掉落重复压印砂型造成的，钱币文字、缘郭重叠的缺陷（图 1-240—图 1-246）。舂移缺陷属于叠纹缺陷中的一种，舂移缺陷中印纹偏移幅度较小，叠纹缺陷还包括其他重复压印失误操作造成的钱币印纹偏移幅度较大的类型。

（放大）

图 1-239　新莽"货泉"背面叠纹缺陷（钱径 19.9 毫米）

图 1-240　北魏"永平五铢"正面叠纹缺陷
（钱径 23.3 毫米）

图 1-241　北魏"永平五铢"背面叠纹缺陷
（钱径约 24 毫米）

图 1-242　唐"开元通宝"背面叠纹缺陷
（钱径 25.5 毫米）

图 1-243　唐"开元通宝"背面叠纹缺陷
（钱径 25 毫米）

图 1-244　唐"开元通宝"（钱径 25.2 毫米）、南唐"开元通宝"（钱径 26 毫米）背面叠纹缺陷

图 1-245　北宋"圣宋元宝"背面叠纹缺陷
（钱径 25 毫米）

图 1-246　北宋"崇宁重宝"大钱背面叠纹缺陷
（钱径 33.8 毫米）

20　偏析（segregation）

钱币铸件的各部分化学成分或金相组织不均匀的现象。中国古代铸钱中的偏析缺陷主要出现在青铜钱中，其偏析缺陷属于其中的反偏析类型。

21　反偏析（inverse segregation, abnormal segregation）

钱币铸件表层的低熔点元素含量，远高于钱币铸件内部的低熔点元素平均含量的化学成分不均匀现象。中国古代铸钱反偏析现象主要是青铜钱铸造中的铅偏析。铅偏析产生的原因：一是由于铜与铅的熔点和比重均相差悬殊，以及该合金本身的凝固特性造成的；二是合金的浇注温度也是影响铅偏析的重要因素，过低或过高的浇注温度都容易增加铅偏析。采用合理温度浇注并快速冷却的方法，促使铸钱合金熔液中的铅在极短的时间内来不及析出即全部凝固，可有效降低铅偏析。中国古代青铜钱币中的高锡铜钱也容易出现锡偏析现象，高锡青铜钱铸件在凝固时，富锡低熔点金属液在铸件凝固收缩力和气体压力作用下，富集在钱币铸件表面[50]，多形成银白色外观，即收藏界称的"水银古"。了解中国古代铸钱中的反偏析现象，对科学检测钱币合金成分有着重要的指导意义。

注释：

[1]　（明）何士晋撰、江牧校注：《工部厂库须知》，人民出版社，2013年，第207页。

[2]　（明）侯恂：《条陈鼓铸事宜》，《春明梦余录》（卷三十八，户部四，宝泉局），扬州古籍书店，1990年，第9页。

[3]　（清）王庆云：《石渠余记》（"记户部局铸"），北京古籍出版社，1985年，第210页。

[4]　徐龙国：《西汉上林三官铭文范模研究》，《考古》2021年第12期。

[5]　（后晋）刘昫等撰：《旧唐书》（卷四十八，志第二十八，食货上），中华书局，1975年，第2096页。

[6]　（元）脱脱等撰：《宋史》（卷一百八十，志第一百三十三，食货下二），中华书局，1977年，第4383页。

[7]　（元）脱脱等撰：《宋史》（卷一百八十，志第一百三十三，食货下二），中华书局，1977年，第4383页。

[8]　陕西省文保中心兆伦铸钱遗址调查组：《陕西户县兆伦汉代铸钱遗址调查报告》，《文博》1998年第3期。

[9]　（清）王先谦撰，沈啸寰、王星贤点校：《荀子集解》（卷第十一，强国篇第十六），中华书局，1988年，第291页。

[10]　（汉）刘安著，（汉）许慎注：《淮南子》（卷十九，修务训），上海古籍出版社，2016年，第488页。

[11]　睡虎地秦墓竹简整理小组编：《睡虎地秦墓竹简》，文物出版社，1990年，第151页。

[12]　安徽省钱币学会：《安徽历史货币》，安徽人民出版社，2014年，第59、60页。

[13]　（汉）班固撰：《汉书》（卷二十四下，食货志第四下），中华书局，1962年，第1155页。

[14]　（清）王庆云：《石渠余记》（"记户部局铸"），北京古籍出版社，1985年，第207、208页。

[15]　（汉）班固撰：《汉书》（卷十九上，百官公卿表第七上），中华书局，1962年，第735页。

[16]　（汉）班固撰：《汉书》（卷十九上，百官公卿表第七上），中华书局，1962年，第735页。

[17]　党顺民、吴镇烽：《上林三官铸钱官署新解》，《中国钱币论文集》（第四辑），中国金融出版社，2002年，第224—228页。该文最早同名发表于《中国钱币》1997年第4期，文中将"六厩"释读为"大厩"；吴镇烽：《再论上林三官铸钱遗址》，《中国钱币》1999年第1期。

[18]　（唐）魏徵、令狐德棻撰：《隋书》（卷二十四，志第十九，食货），中华书局，1973年，第691、692页。

[19]　咸阳市文管会、咸阳博物馆：《咸阳市胡家沟西魏侯义墓清理简报》，《文物》1987年第12期。

[20]　（后晋）刘昫等撰：《旧唐书》（卷四十八，志第二十八，食货上），中华书局，1975年，第2096页。

[21]　（后晋）刘昫等撰：《旧唐书》（卷四十八，志第二十八，食货上），中华书局，1975年，第2096页。

[22]　（后晋）刘昫等撰：《旧唐书》（卷四十八，志第二十八，食货上），中华书局，1975年，第2099页。

[23]　周卫荣：《"鍮石"考述》，《钱币学与冶铸史论丛》（中国钱币丛书甲种本之十一），中华书局，2002年，第277—286页。

[24]　周卫荣：《"水锡"考辨》，《钱币学与冶铸史论丛》（中国钱币丛书甲种本之十一），中华书局，2002年，第245—250页。原文最初发表于《文物春秋》1992年第3期。

[25]　周卫荣：《中国古代钱币合金成分研究》（中国钱币丛书甲种本之十三），中华书局，2004年，第433—435页。

[26]　（明）何士晋撰、江牧校注：《工部厂库须知》，人民出版社，2013年，第209页。

[27]　（明）何士晋撰、江牧校注：《工部厂库须知》，人民出版社，2013年，第205页。

[28]　（明）何士晋撰、江牧校注：《工部厂库须知》，人民出版社，2013年，第6页。

[29]　周卫荣：《中国古代钱币合金成分研究》（中国钱币丛书甲种本之十三），中华书局，2004年，第458—463页。

[30]　辽朝铸造的铜钱含铜量约在90%，另含有少量铅和锡，铜色发红，形制文字较为粗糙。

[31]　清朝在新疆地区铸造的圆形方孔铜钱按合金成分主要分为两类：其一，北疆伊犁宝伊局铸造的铜铅合金（约含铜70%、铅30%）青铜钱，迪化宝迪局铸造的铜铅合金青铜钱、铜锌合金黄铜钱（含铅、锡，属特殊黄铜）等；其二，南疆叶尔羌局、阿克苏局、乌什局、喀什噶尔局、库车局铸造的接近纯铜的红铜钱，北疆宝新局铸造的红铜钱。清代新疆铜钱也泛称"新疆红钱"。

[32]　（明）何士晋撰、江牧校注：《工部厂库须知》，人民出版社，2013年，第201、205页。

[33]　（明）何士晋撰、江牧校注：《工部厂库须知》，人民出版社，2013年，第354页。

[34]　（明）何士晋撰、江牧校注：《工部厂库须知》，人民出版社，2013年，第209页。

[35]　西汉郡国五铢石祖模原收藏在滁州文管所，2019年5月滁州文管所被撤销，石祖模现藏滁州市博物馆。

[36]　陕西省钱币学会编著：《秦汉钱范》，三秦出版社，1992年，第183页。

[37]　陕西省钱币学会、西安钱币学会：《新莽钱范》，三秦出版社，1996年，第76页。根据披露的范腔直径，仅26毫米，更接近五铢背范，不是通常的大泉五十背范。

[38]　陕西省钱币学会、西安钱币学会：《新莽钱范》，三秦出版社，1996年，第163页。

[39]　黄娟：《天津博物馆藏汉代五铢钱铜范模》，《文物》2020年第5期。

[40]　参见马俊才：《新郑"郑韩故城"新出土东周钱范》，《中国钱币论文集》（第四辑），中国金融出版社，2002年，第80、81页。原文为："考察出土的空首布芯范，我们发现这批空首布芯范的制法与山西侯马晋国耸肩空首布的制法不同。晋国空首布芯范的制法是用芯盒模制的，时代属春秋晚期。春秋中期郑国的制法却是手制。因为所发现的实物中芯头上榫大小有异，其顶上又有不同的支榫，下端有不同的刻道。有的芯体6个侧面上和浇口部位刀削痕迹明显也证实了手制芯范的推断。我们推测其具体的操作流程是：先制好一套空首布面背合范晾干，面范浇道中已挖好卵腔，合好后用细泥塞入内范腔中。分范取芯，在榫下部分的6个面上分别刮去一层厚0.1厘米的泥层，并在正背面各留下一个小三角形不刮形成芯撑。另在芯头背面刮挖外深内浅的浇道。之后晾干，与合范一起烧制而成。许多学者都推测顶铸式的陶合钱范可以多次使用，笔者通过对1993年'郑韩故城'钱窖藏中圆足布范的比较研究，赞成这种观点。这也解释了东周铸钱遗址除出土铸过的空首布芯头外，还出土许多未浇铸过的完整内范的现象。笔者认为正是因为一套空首布范可以多次浇铸，古人制作内范时是一次制成几个的，这样铸一次即填入1个内范，范面损毁后制成的内范也就弃之不用了。这次出土的内范除少数因本身残损外，多数是弃之不用的。"

[41]　陕西省钱币学会、西安钱币学会编著：《新莽钱范》，三秦出版社，1996年，第265页。

[42]　陕西省钱币学会、西安钱币学会编著：《新莽钱范》，三秦出版社，1996年，第351页。

[43]　陕西省钱币学会、西安钱币学会编著：《新莽钱范》，三秦出版社，1996年，第268页。

[44]　宋捷：《杭州发现晚期孝建四铢陶叠范》，2023年5月，中国钱币学会、中国考古学会秦汉专业委员会在淄博召开"中国古代铸钱工艺及其技术成就"学术研讨会发言论文。

[45]　宋捷：《杭州发现晚期孝建四铢陶叠范》，2023年5月，中国钱币学会、中国考古学会秦汉专业委员会在淄博召开"中国古代铸钱工艺及其技术成就"学术研讨会发言论文。

[46]　上海博物馆青铜器研究部编：《上海博物馆藏钱币·钱范》，上海书画出版社，1994年，第441页。

[47]　（清）鲍康：《大钱图录》（光绪二年刊行），北京大学出版社，1989年，第36页。

[48]　（清）王庆云：《石渠余记》（"记制钱品式"），北京古籍出版社，1985年，第206页。

[49]　（明）何士晋撰、江牧校注：《工部厂库须知》，人民出版社，2013年，第82页。

[50]　孙淑云、韩汝玢、李秀辉：《中国古代金属材料显微组织图谱·有色金属卷》，科学出版社，2011年，第62页。

第二章（Chapter 2）

钱币铸造与
钱币研究示例

Examples of Coin Casting
and Coin Research

凤嘴钳

入铜孔

"模印范竖式直浇铸钱"工艺，是中国古代块范铸钱时期出现的一种相对较为特殊的铸钱技术。在此种工艺中，须先制作出金属阳模（俗称"范母"。按照铸造学惯例，直接铸钱的称为"范"，而用来制作铸范却不直接铸钱的称为"模"），再用阳模将省练好的泥料压印出阴文的范片，泥范片两两扣合，并阴干焙烧成陶范。在浇注钱币时，每一对陶范要竖立放置，且共用一个直浇道。

一般说来，范铸法铸钱按范型材质可以分为"陶范铸钱""石范铸钱"和"金属范铸钱"三种类型。我们知道，陶范铸钱后来发展出新型、高效的铸钱工艺——"叠铸法铸钱"。"模印范竖式直浇铸钱"与"叠铸法铸钱"同为陶范铸钱的新发展，却代表着不同的演变方向，二者有相似的方面，也有着显著的差异。在叠铸法铸钱技术中，先以青铜等质地的金属阳模翻印出众多泥质范片，层层相叠平放，再外糊草拌泥形成范包，并在阴干焙干后共用一个直浇道垂直分层浇铸钱币。可以看出，叠铸法铸钱实际上是一种模印范平卧式浇注的铸钱工艺，而与"模印范竖式直浇铸钱"工艺有着显著的不同。由于模印范竖式直浇铸钱因其用硬质阳模压印出范片的特征与叠铸法铸钱极为类似，钱币学界和收藏界往往把二者混为一谈，将叠铸法铸钱归为"卧式叠铸"，而将模印范竖式直浇铸钱称为"竖式叠铸"。实际上，叠铸法铸钱的"叠"字就明确地指出了范片平卧层叠的浇铸特征，而所谓"竖式叠铸"其范片是竖立放置浇铸的，怎可又称"叠铸"呢？本身文意即龃龉不通，并无科学依据可言。

模印范竖式直浇铸钱和叠铸法铸钱工艺都是传统陶范铸钱技术的新发展，二者本身有着许多共性，也有本质的区别，此处试将二者异同列表析之（表2-1）。

表 2-1   模印范竖式直浇铸钱和叠铸法铸钱对比

项目比较	模印范竖式直浇铸钱	叠铸法铸钱	备注
是否使用阳模	使用金属阳模（范母）	使用金属阳模（范母）	都需使用硬质阳模，多为铜、铅质地
范片制作方式	模印泥范片	模印泥范片	阴干、焙烧后浇注
陶范浇注方式	竖立式	平卧式	
共用一个直浇道的范片数量	一对（也可以数对并列）	数十个	

项目比较	模印范竖式直浇铸钱	叠铸法铸钱	备注
是否糊成范包	存世范片未见范包痕迹	用草拌泥糊成范包	所见模印竖浇范片实物系民间收藏品
工艺发明时间	战国后期	西汉初期	仅就目前存世实物的年代判断
工艺终止时间	三国两晋南北朝	南朝梁	仅就目前存世实物的年代判断

模印范竖式直浇铸钱工艺代表了传统陶范铸钱技术的一种发展方向，有着自己独特的演变轨迹。此处，试依据目前所知出土存世的相关铸钱遗物信息，大致推求出模印范竖式直浇铸钱工艺演进的历史脉络。

一、战国、秦朝时期的模印范竖式直浇铸钱遗存

（1）内蒙古喀喇沁旗出土燕国"一刀"圜钱模印范竖式直浇铸钱铅质阳模（范母）（图2-1）

《喀喇沁旗发现战国铅母范》一文披露："1975年春，喀喇沁旗上瓦房乡大西沟门村修水渠时，在距地表2米深的土层中发现一块燕国'一化'（作者按：今天的钱币学者多称其为'一刀'）圜钱的铅质母范。……范面铸有阳文'一化'钱模，现存三排共七枚，左边两排中间有一条凸起浇道，由支道与每个钱模相连。"文章对此件出土铅质阳模的描述相当清晰，阳文及浇道等的特征显示此遗物为模印范竖式直浇铸钱母模。此文又考证道："钱范出土地……地表遗有泥质灰陶

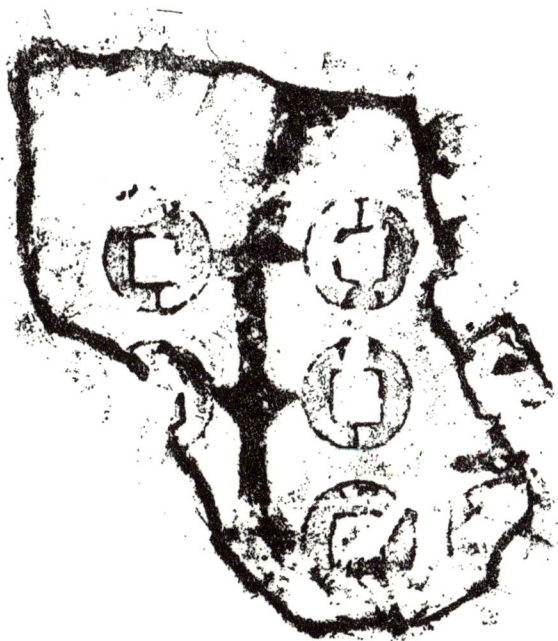

图2-1 内蒙古喀喇沁旗出土燕国"一刀"圜钱模印范竖式直浇铸钱铅质阳模（范母）拓片（残长80、宽约75、钱模直径约17毫米）

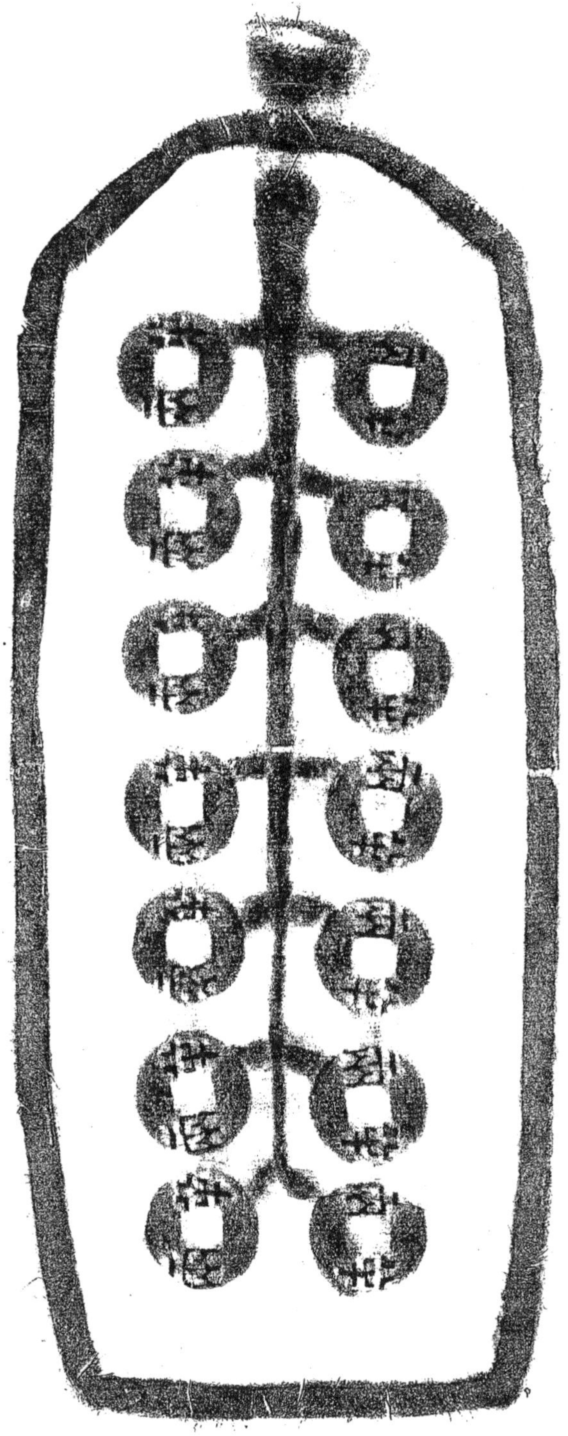

图 2-2　陕西临潼出土秦"半两"模印范竖式直浇铸钱铜质
阳模（范母）拓片（钱模直径 27 毫米）

的豆盘、豆把和绳、旋纹陶罐及鱼骨盆等残片。这些均属战国遗物，此地是战国遗址无疑。"[1] 众所周知，"一刀"圜钱是战国晚期燕国的铸币，在秦国灭亡燕国之前铸行；内蒙古喀喇沁旗原是燕国右北平郡辖地，此处出土燕国铸币遗存符合历史事实。

此件"一刀"圜钱铅质阳模，是目前确切所知的最早的模印范竖式直浇铸钱遗物之一，它的出土证实了至少在战国晚期就出现了模印范竖式直浇铸钱技术。

（2）陕西临潼出土秦"半两"模印范竖式直浇铸钱铜质阳模（图 2-2）[2]

《中国钱币》刊载："1983 年 9 月，在临潼县韩峪乡油王村西南的基建工地上，距地表约一米多深处发现了一件秦代铜质'半两'钱母范。……钱范中间有凸起的树干状浇道将其分为两部分，左右各有钱模七枚，钱模与主干之间有支干相通。面文有'半两'两个阳文篆字，钱文高挺，直径 2.7 厘米，无廓，方穿，穿每边宽 0.9 厘米。……钱范出土地点位于秦代芷阳遗址手工业作坊区内……这方铜'半两'钱范出于秦—战国文化层内。"[3] 可见，此件出土品系秦国或统一后的秦朝时期的铸钱遗物，其形制清楚地显示出模印范竖式直浇铸钱工艺的特征。

（3）河北平泉出土秦朝"半两"模印范竖式直浇铸钱铅质阳模

1983 年 10 月，河北平泉县榆树林子乡文化站在本县半截沟村农民杨希富家，征集到一件"半两"钱铅质铸钱阳模，据称系耕种时由犁铧从地下翻出。"范身呈长铲形。范上端两角斜削成折肩。……浇口连通总流，其两侧各有四条支流。与支流相连的是八枚半两钱模。浇口、主流、支流及钱模均凸出范面。钱径 2.65—2.75、穿宽 0.9—1 厘米。……钱面阳文篆书'半两'二字。"[4] 此件铅质阳模为模印范竖式直浇铸钱实物无疑，只是披露者将其认定在西汉吕后铸八铢半两时期，作者认为有商榷的余地。根据照片显示，钱模有相当的厚度，所铸钱币当重于汉初铸造的各类半两钱；钱模文字亦较挺劲，与吕后时期体薄字平的半两钱不相类似。因而，作者更倾向将其断代提前到秦朝，大致可认定是秦灭燕后在燕国腹地的铸钱遗物。

二、汉朝模印范竖式直浇铸钱遗存

（1）北京朝阳区出土西汉"半两"模印范竖式直浇铸钱铅质阳模（图 2-3）

首都博物馆藏有一件"半两"铅质铸钱阳模，"1962 年出自北京市朝阳区，长 18.5、宽 10 厘米。范中有凸起的浇注槽模，槽两侧各排阳文半两钱模一行各 5 枚，槽底端 1 枚，共有钱模 11 枚。各枚钱模有支槽相通"[5]，"钱模径 2.4—2.6、穿 0.9—1 厘米"[6]。此件铸钱遗物显现出的阳文钱模，直浇道和内浇道阳模显示出完整的浇道体系，都表明其为模印范竖式直浇铸钱阳模。至于此件阳模的使用时代，根据钱模显示的钱币形制特征和文字风格，发现完全不同于四铢半两钱，可以认定要早于四铢半两时期，而晚于秦朝，即汉文帝铸行四铢半两之前的西汉初年。《中国钱币大辞典》将其归属于汉文帝四铢半两时期，结论并不恰当。

（2）咸阳市博物馆 1966 年征集了一件"半两"铜质阳模（图 2-4）[7]

该铜质阳模文字粗率，钱模直径 23 毫米，与汉初高后铸造八铢钱、五分钱等时期铸币特征大致吻合，推测为汉初高后时期铸半两钱的模印范竖式直浇铸钱铜质阳模，并很可能属于私铸性质。

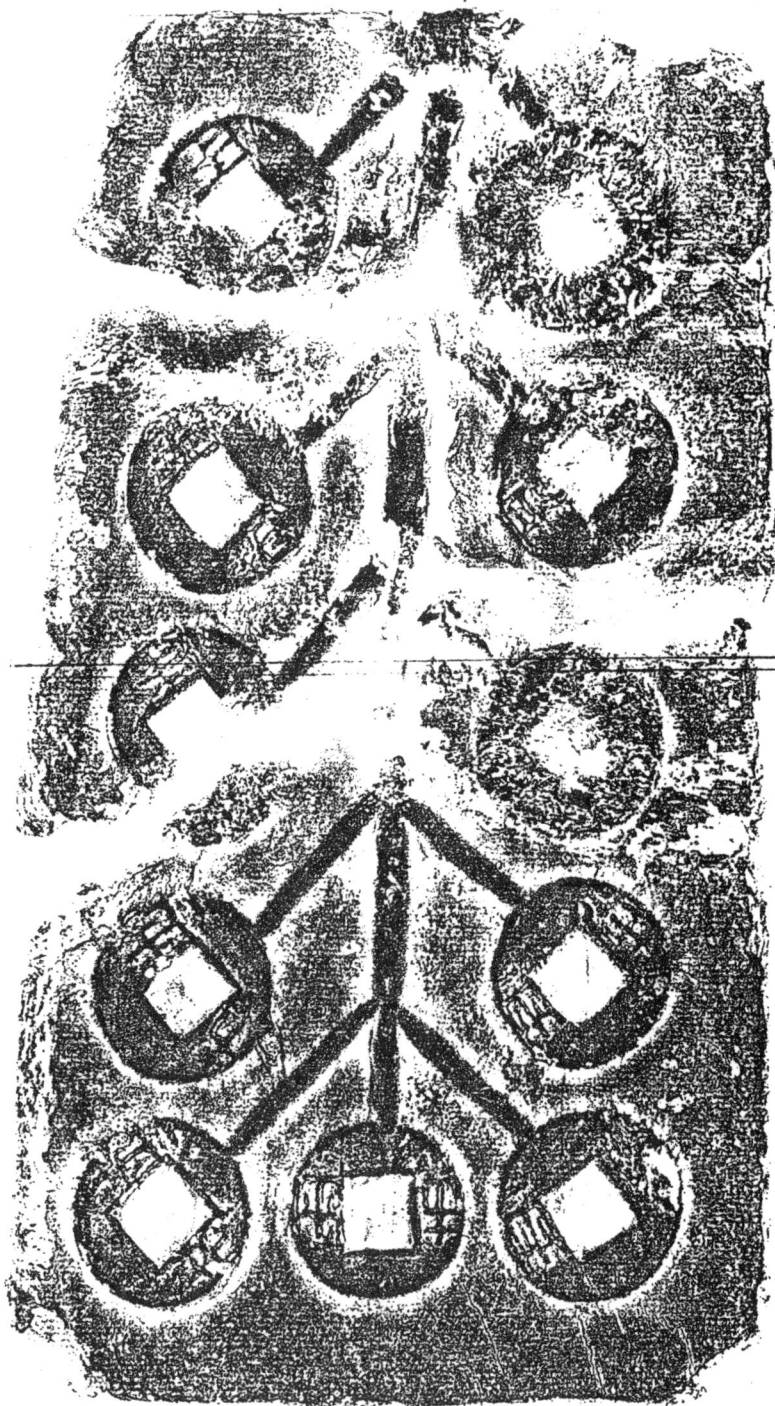

图 2-3　北京朝阳区出土汉初"半两"模印范竖式直浇铸钱铅质阳模拓片
（长 185、宽 100、钱模直径平均 24—26 毫米）

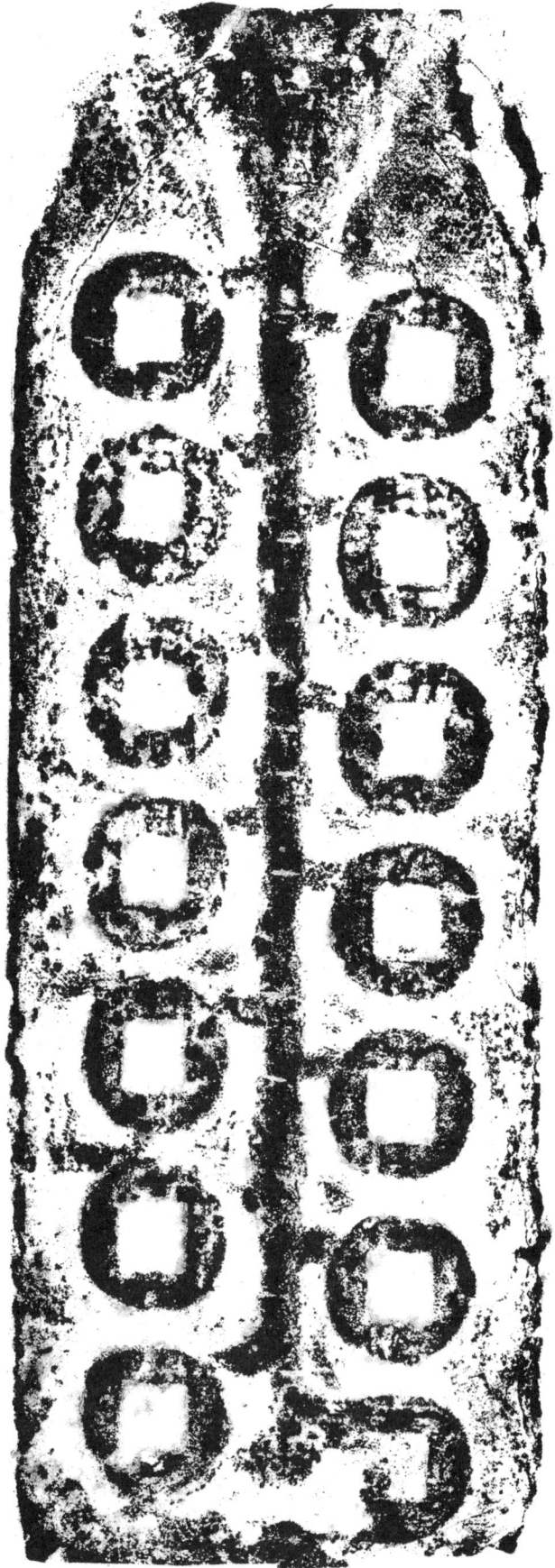

图 2-4　咸阳市博物馆藏汉初"半两"
模印范竖式直浇铸钱铜质阳模（范母）
拓片（钱模直径 23 毫米）

（3）陕西宝鸡市博物馆藏西汉"半两"模印范竖式直浇铸钱铜质阳模（图2-5）

陕西宝鸡市博物馆藏有一件"半两"铜质阳模，"长15.9、宽7.1、厚1.5厘米……钱模径2.1、穿1厘米，无内外郭"[8]。钱模显示出此种"半两"钱币体小穿广、文字稚拙随意的特征，与汉初五分钱、荚钱大致吻合。因而，可以认定此件铜质阳模为汉初铸造五分钱或荚钱时使用的模印范竖式直浇铸钱实物。因其钱文粗率，很可能属于私铸。

（4）上海博物馆藏西汉"五铢"模印范竖式直浇铸钱铜质阳模（图2-6）[9]

上海博物馆藏有一件"五铢"钱文的铸钱铜质阳模，长22.8厘米，有凸起而完整的浇道阳模，直浇道阳模两侧各排列着一排阳文钱模，一侧为6枚阳文钱面模，一侧为对称的阳文钱背模，钱模与直浇道阳模之间有内浇道阳模相连；6枚钱面模穿下无一例外的都有一枚凸起的半星；作者实测，钱模直径平均为2.51厘米。依据钱模形制和文字风格，尤其是"五"字缓曲和穿下半星等的细部特征，大致将其推定在西汉武帝时期。

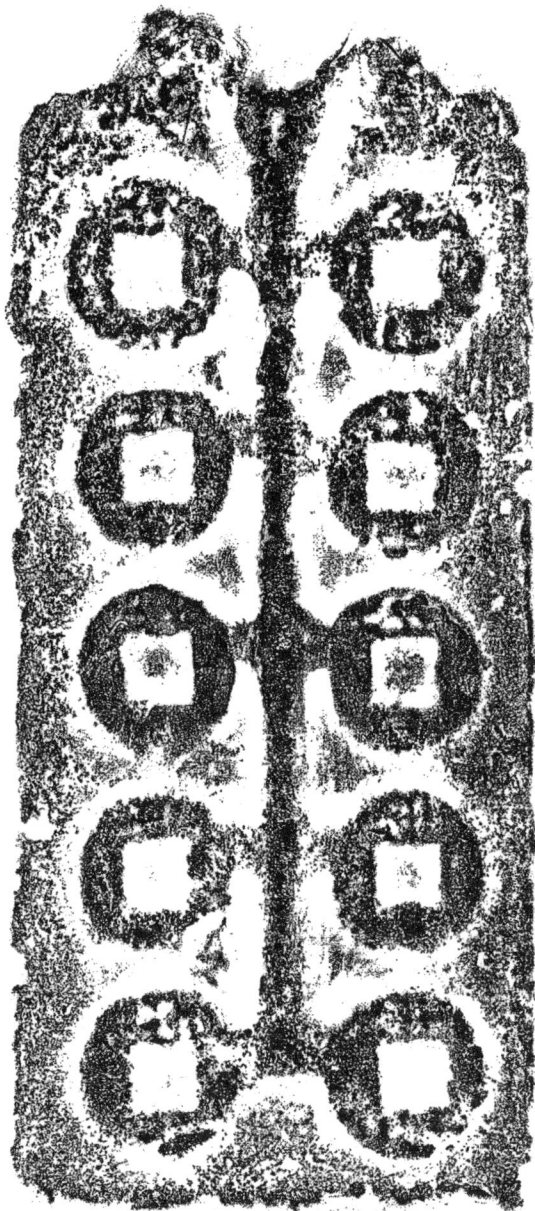

图2-5　陕西宝鸡市博物馆藏西汉"半两"模印范竖式直浇铸钱铜质阳模拓片（长159、宽71、钱模直径21毫米）

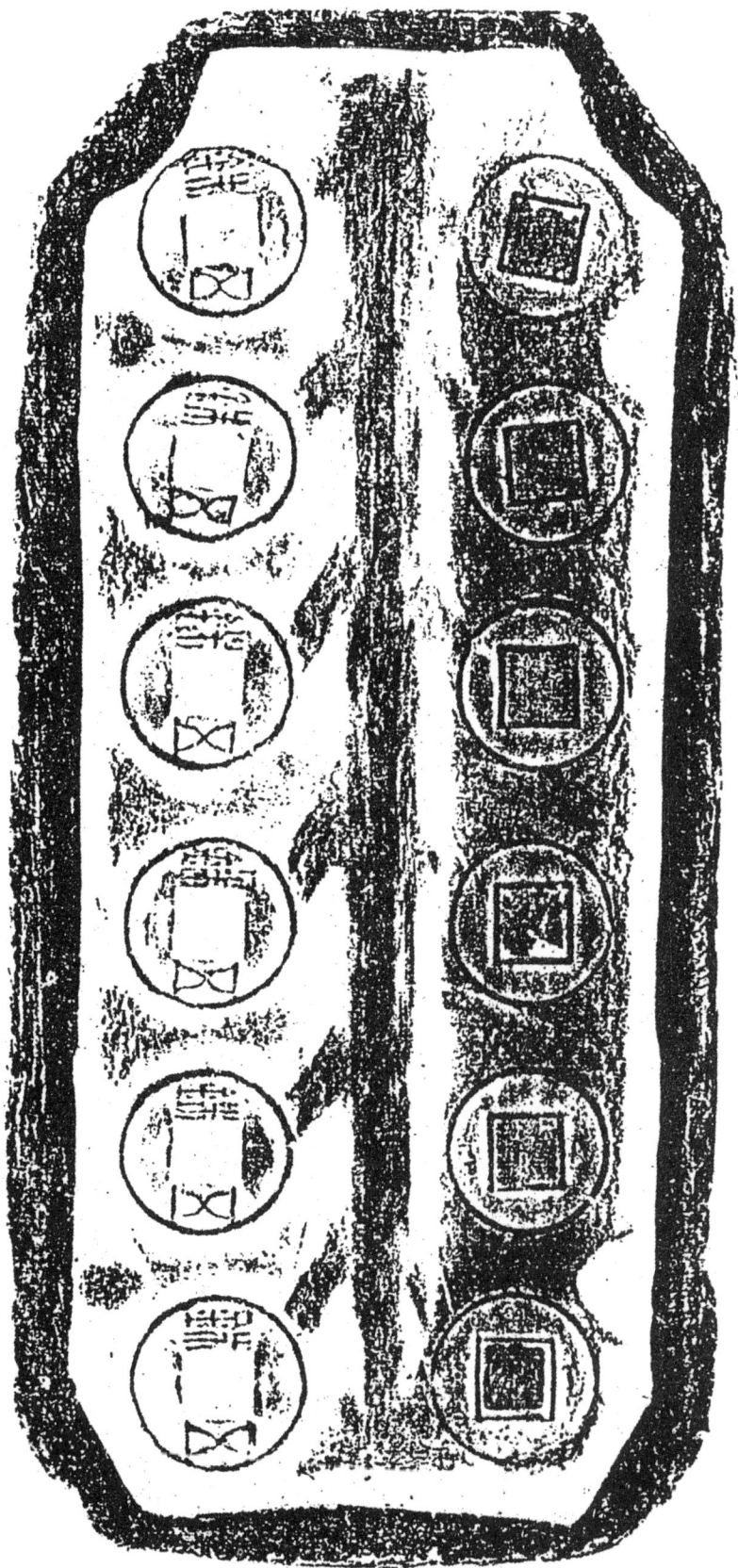

图 2-6　上海博物馆藏西汉
"五铢"模印范竖式直浇铸
钱铜质阳模拓片（长 228、
钱模直径 25.1 毫米）

三、三国两晋南北朝模印范竖式直浇铸钱遗存

（1）四川成都市出土三国蜀汉"太平百钱"模印范竖式直浇铸钱铜质阳模（图 2-7）[10]

《文物》刊载："1980 年 4 月，成都市营门公社十一大队社员，在小通巷房管所的建筑工地上，掘得大批锈烂的'太平百钱'铜钱和一件'太平百钱'铜铸母范。范存四川省博物馆。……范平面略呈椭圆形，三边微弧，一边平直，周有边框。范高 2.4、周长 47.2 厘米。范面正中有一凸起的树干状轴将范面分为两部分，左右各双行列钱六枚，左为钱背，背纹为水波纹；右为钱面，钱文有隶书（右边第一枚）和篆隶合书（余五枚）两种，均书'太平百钱'四字。……范面左侧上下角各有三角形凹槽一个，右侧上下角有三角形乳突与之对称。"[11]此件铜质阳模的形制完全体现出模印范竖式直浇铸钱工艺的特征。关于"太平百钱"的归属，钱币学界已经达成了普遍的共识，大都将其认定为三国时期蜀汉政权的铸币。因而，此件模印范竖式直浇铸钱铜质阳模可断定为三国时期蜀国的铸钱遗物。

（2）上海博物馆藏无外郭"五铢"模印范竖式直浇铸钱铜质阳模（图 2-8）[12]

上海博物馆藏有一件无外郭"五铢"铜质阳模，为传世品，包浆熟旧，形制与四川成都出土蜀汉"太平百钱"模印范竖浇铸钱铜质阳模如出一辙。铜质阳模平面呈现不规则的巴掌形，中轴对称，据作者实测，通长 15.2、厚 2.31 厘米，模盒内壁高 1.72 厘米。铜质阳模中部的对称轴分布着凸起的直浇道阳模，两侧对称布置着两对三棱锥状榫卯和 8 枚钱模。其中，钱模面背对应分布；钱模面背皆无外郭，钱文笔划纤弱、结体散漫，"五铢"二字外角有侵夺缺失现象。可以看出，这是铸造无外郭"五铢"钱的模印范竖浇铸钱铜质阳模。

关于此件铜质阳模的使用时代，要做出准确判定尚有困难。上海博物馆将其称为"五铢公式女钱铜母范"，史书上记载南朝萧梁政权铸造过"公式女钱"。由于近年来萧梁铸造"公式女钱"的铸钱遗址在南京市区被发现[13]，所出土遗物显示出"公式女钱"是由"叠铸法铸钱"工艺生产的，而不是此件铜质阳模所代表的"模印范竖式直浇铸钱"工艺。另外，从出土"公式女钱"陶范的钱币特征来看，与此件铜质阳模所显示的风格迥异。因此，上海博物馆所藏无外郭"五铢"铜质阳模必不是萧梁铸"公式女钱"的实物。无外郭五铢钱的铸造由来已久，自东汉末年始，至南北朝结束止，此间三四百年出现了各种形制的减重五铢钱，其中便不乏无外郭五铢钱的身影，由于当时战乱频仍、政权更迭、

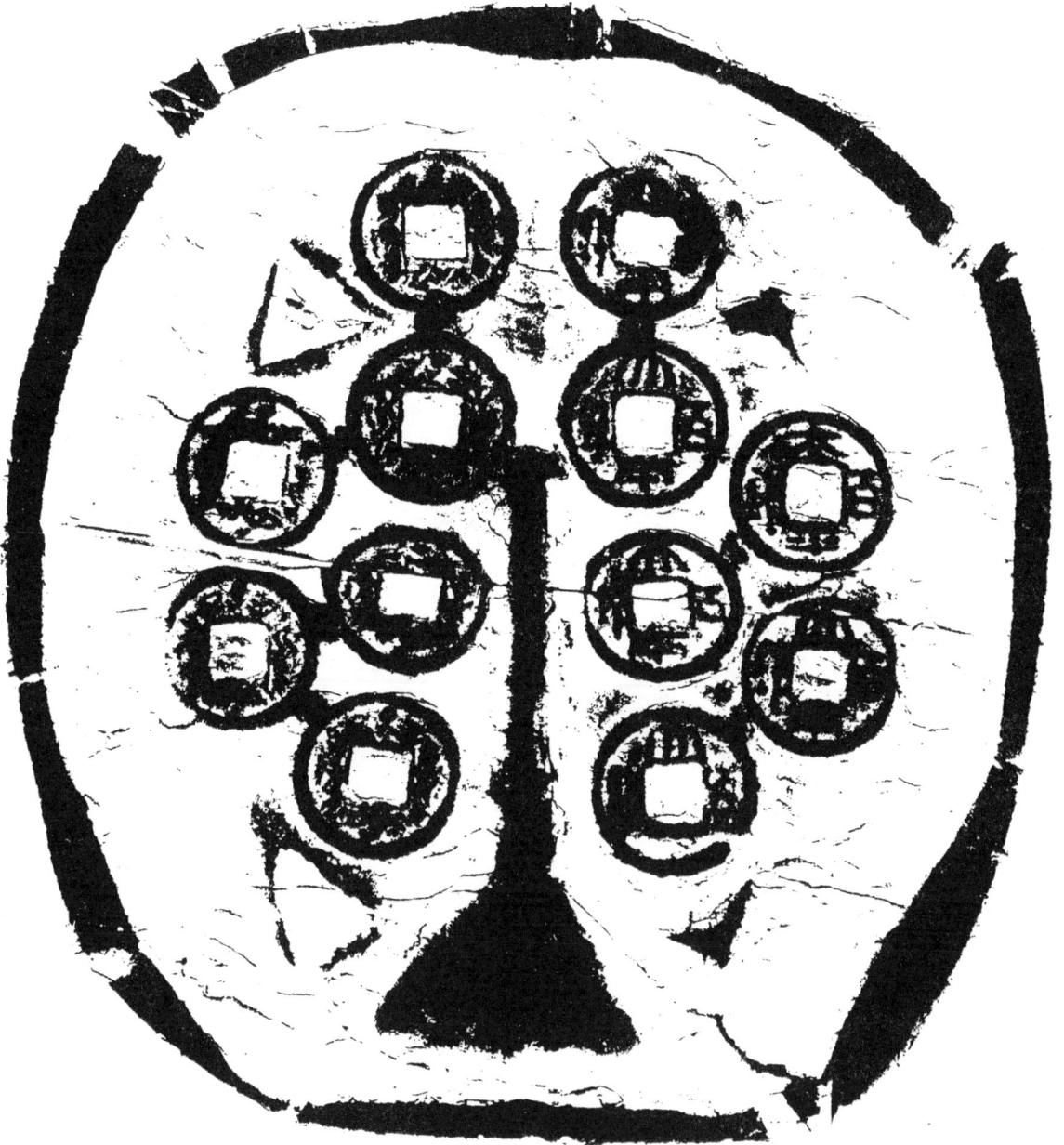

图2-7　四川成都市出土三国蜀汉"太平百钱"模印范竖式直浇铸钱铜质阳模拓片
（钱模直径24毫米）

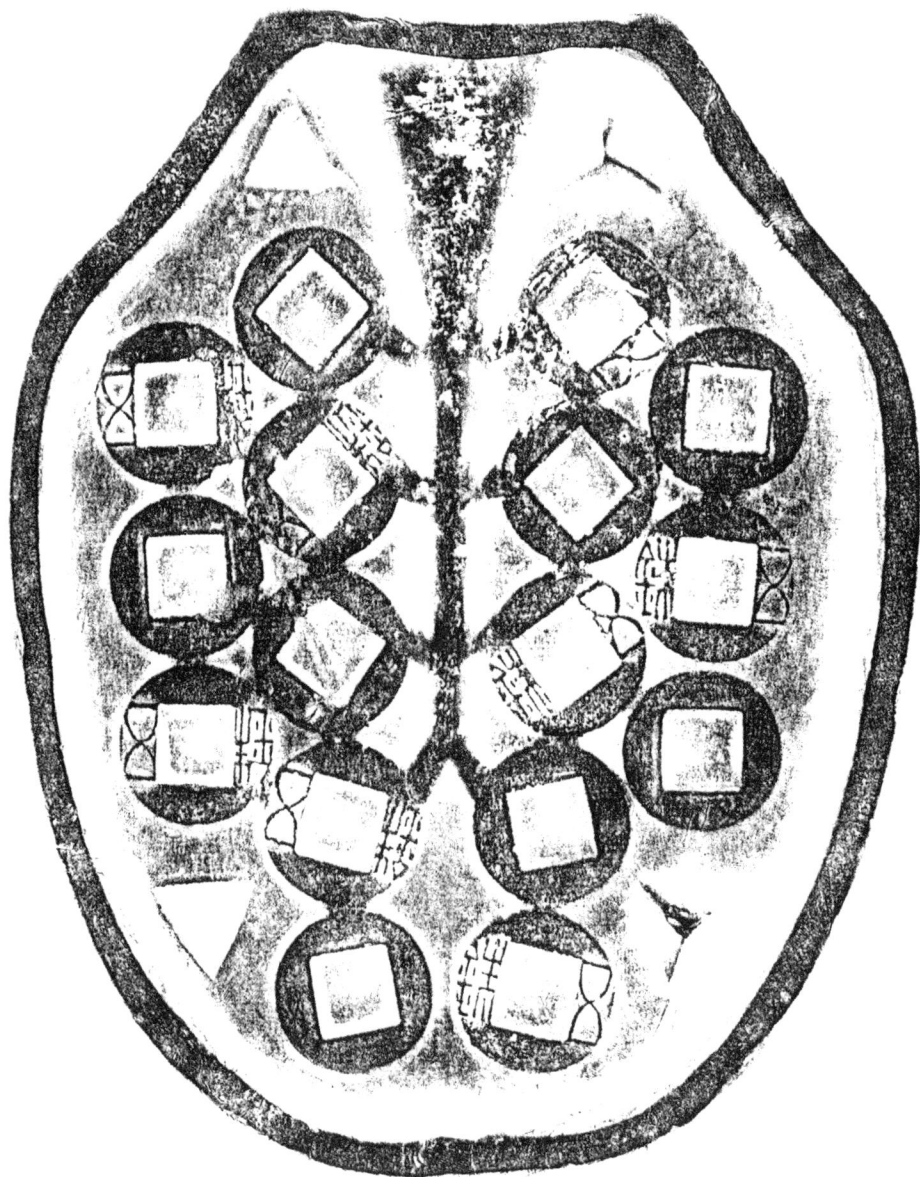

图 2-8　上海博物馆藏无外郭"五铢"模印范竖式直浇铸钱铜质阳模拓片（长 152 毫米）

币制屡易和公私杂铸，再加上史籍缺乏相关记载，目前学界尚不能对其性质归属做出精确的判定，因而，此处只能将此件铜质阳模宽泛地断定在东汉末年之后的三国两晋南北朝。

南北朝出现了新型的翻砂法铸钱技术，模印范竖式直浇铸钱工艺和其他范铸法铸钱技术一样，逐渐被翻砂法取代，从而淡出了历史舞台，隋唐以降，便难觅其踪了。

附记：该文中的"阳模"即"范母"。

（原文见杨君：《古代模印范竖式直浇铸钱考述》，《区域金融研究》2016年第9期。本文有修订）

第二节　汉朝叠铸法铸钱发展历程考索

（An Exploration into the Development of Coin Casting with Stack Molds in the Han Dynasty）

所谓"叠铸法铸钱"，即以青铜等质地的金属范母（阳模）翻印出众多泥质范片，层层相叠成范包，并在烘干后共用一个直浇道垂直浇铸的铸钱工艺。它是中国古代范铸技术的新发展。范片上下层叠和共用一个直浇道是"叠铸"工艺的两个关键要素，缺失任何一项都不能称为叠铸。目前，钱币学界有把叠铸分为所谓"竖式叠铸"（见图 2-2）[14] 和"卧式叠铸"（图 2-9）[15] 的声音，而实际上，前者仍属于传统"块范铸钱"的范畴，是模印范竖式直浇铸钱工艺，在其所指的工艺中也仅允许模印出的两块范片面背相合后共用一个直浇道，其他组合的范片也是每一对共用各自的直浇道，不存在许多范片共用一个直浇道的情况；且每一对范片必须竖置方可浇铸，不能在平卧叠放时完成浇铸，因而，并不具备叠铸工艺的关键特征，故不能认为是叠铸。不能因为模印范竖式浇铸工艺中使用金属范母压印范片，与叠铸法铸

图 2-9　叠铸铜范母举例（钱模直径 24 毫米）

钱中也使用金属范母压印范片类似,就想当然将其归入叠铸范畴。目前,学术界对西汉初期已经出现叠铸法铸钱,以及此种工艺在新莽时期得到普遍推广等观点多有共识。但是,对叠铸法铸钱工艺在汉朝四百余年中具体的发展历程则鲜有论及。

本文拟在广泛搜求辨析出土实物信息的基础上,结合相关文献及现有成果,力争对叠铸法铸钱在汉代的存在和演变情况,进行较全面深入的考察和梳理,希求在更具体、更完整的层面上基本还原有关历史信息。

一、叠铸法铸钱工艺的发轫期

关于叠铸技术的最早起源,《古泉汇》《簠斋吉金录》和《古器物范图录》等都记录有"齐大刀"的叠铸铜范母(阳模),据传为最早的叠铸实物。其实,此为当时臆造的赝品,周卫荣先生在《齐刀铜范母与叠铸工艺》[16]一文中已经明确指出,此处不再赘述。就今天所能见到的实物和资料而言,先秦尚没有叠铸技术问世的迹象。需要指出的是,河南新郑郑韩故城遗址曾出土有战国的小带钩陶母范(图 2-10),该陶母范不能直接铸造带钩,而是用来铸造金属范,再用金属范铸造带钩。该陶母范上有榫卯,有完整的直浇道(在真正的叠铸工艺中,其陶范只有约与范片等厚的一段直浇道,不存在完整的直浇道),直浇道两侧各分布着对称的一排五枚带钩,就是上文明确排除的所谓"竖式叠铸"类型,根本就不是叠铸工艺。

图 2-10 河南新郑郑韩故城出土战国带钩陶母范

秦始皇横扫六合建立秦朝后，将秦国的"半两"钱作为法定货币推行到全国。"秦钱重难用"[17]是汉初人对秦朝货币的看法，比照目前所知的叠铸半两铜范母资料可以发现，其中钱模皆为大幅度减重的小型半两。虽然秦朝流通货币不可能整齐划一，会有减重的半两钱参与流通，但是叠铸铜范母显示的异常减重的小型半两，应不属于秦半两的类型。

从公元前206年秦朝灭亡到公元前202年，是楚汉相争时期，在这短短的四年里，史书上没有留下有关铸币的记载。自公元前202年刘邦称帝始，西汉王朝正式建立，面对极度残破萧条的社会，"为秦钱重难用，更令民铸钱……至孝文时，荚钱益多，轻，乃更铸四铢钱"[18]。根据此处《史记·平准书》的记载可知：汉文帝改铸四铢半两之前，社会上普遍流通的是"荚钱"。需要指出的是，由于《汉书·食货志》的讹误，"荚钱"曾一度被认为是汉高祖时出现的。《汉书·食货志》载："汉兴，以为秦钱重难用，更令民铸荚钱。"[19]《汉书》在抄袭《史记》时，讹衍出"荚"字，将"荚钱"的时代由汉文帝初年错误推前到了汉高祖时代。作者在仔细比对叠铸半两铜范母（阳模）资料后发现，其中的钱模形制及文字特征，与荚钱之前的秦半两和之后的四铢半两风格迥异，其中钱模轻小型的大都是荚钱铜范母，部分钱币直径达到或超过24毫米，钱文风格介于秦半两和荚钱之间的，应属于汉初半两、八铢钱或五分钱中的类型。如陕西石泉出土半两铜范母（图2-11），钱模直径25毫米，文字风格有秦半两遗韵，应是西汉最早期的汉初半两钱铜范母。

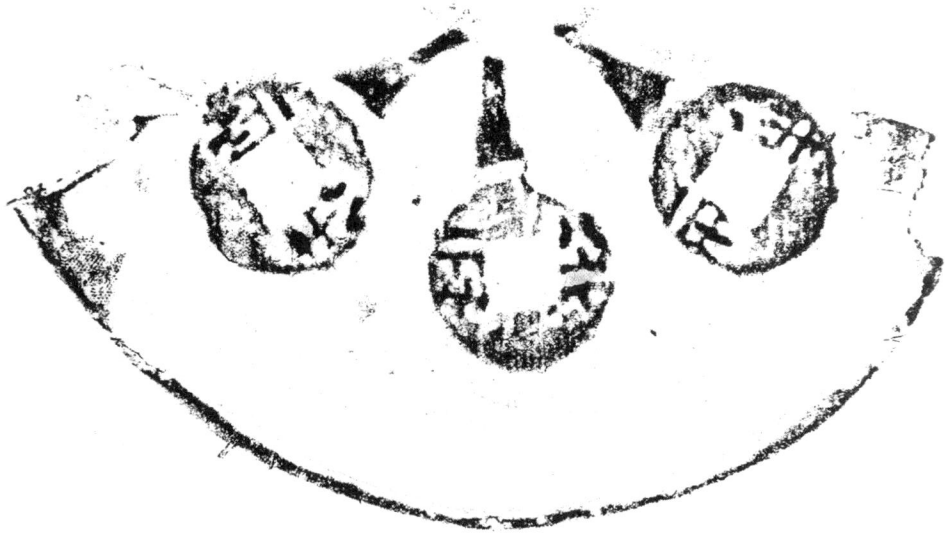

图2-11 陕西石泉出土汉初半两铜范母拓片（钱模直径25毫米）

已公布的叠铸半两铜范母资料显示：钱模排列有单圈的（见图2-9）、双圈的（图2-12）[20] 和多圈（图2-13）的；钱模形制也随之由大到小，发展到双圈、多圈排列时已经十分轻小，基本都是铸造荚钱的铜范母。

秦朝灭亡后的楚汉相争时期和西汉初年，是孕育发明叠铸法铸钱工艺的历史时期，是叠铸技术的发轫期，处于叠铸工艺的原始阶段。

图2-12　汉初荚钱双圈叠铸铜范母拓片（钱模直径20毫米）

图 2-13　中国国家博物馆藏荚钱多圈叠铸铜范母（钱模直径 15 毫米）

二、叠铸法铸钱工艺的发展期

继荚钱之后登上历史舞台的是曾经短暂铸行的"四铢半两"钱和"三铢"钱，让人困惑的是，就目前发现的相关钱范实物而言，几乎全是清一色的石范，虽也偶有残段的四铢半两陶母范昭示部分钱币是金属范浇铸的，但这两种钱币的叠铸金属范母（阳模）或者范片却鲜见。目前公开披露的四铢半两铜范母只有两件：其一，中国国家博物馆藏四铢半两铜范母（图 2-14），形制特别，出现了平整的背模设计和榫卯设计。该范母榫卯呈 1/4 球体状，是目前发现的最早带有榫卯构造的叠铸范母实物。此铜范母早年曾收录于《小校经阁金文拓本》[21]，后归陈仁涛收藏，1949 年后由国家购回。其二，陕西钱币博物馆收藏四铢半两铜范母（图 2-15）。全面搜检铸币资料后我们发现，在先秦和秦汉的大部分时间段里，石范、陶范和金属范铸钱工艺往往并行存在，只是在某一时间、某一地点，某种铸钱工艺被更多或较少地采用罢了。可能的解释是，叠铸法铸钱在这一阶段不如石范更有优势，处在了配角的位置。

时至西汉元狩五年（公元前 118 年），汉武帝下令铸行"五铢"钱。汉武帝时期的五铢钱先后经历了"郡国五铢""赤仄五铢"和"上林三官五铢"三个阶段。目前仅发现属于郡国五铢阶段的叠铸铜范母实物。陕西麟游县博物馆藏郡国五铢铜范母三件，其上出现了榫卯构造，也出现了钱币背模的形象，这些都是在以前的原始叠铸工艺中难以见到的。其中一件（图 2-16）[22] 显示有五铢钱面模和背模各三个，最右侧钱币面模具有"长中竖'朱'"特征，而这一特征主要出现在郡国五铢钱形制中；另外，钱币背模内郭四角均圆折，也几乎是郡国五铢钱独有的特征，在其他类型五铢钱中则罕见。

汉武帝之后是"昭宣中兴"时期。目前，虽然出土了大量带有此段时间纪年的铸铜范五铢陶母范，某些形制的五铢钱可以据此比较明确地判定为汉昭帝或是汉宣帝时期的铸币，但是迄今不见有报道明确指出哪种叠铸遗物是汉昭帝或是汉宣帝时期的。作者一直注意搜罗此段历史时期的叠铸法铸钱资料，发现有三处信息值得关注：

其一，中国钱币博物馆藏的一件五铢叠铸陶范包（图 2-17），范片显示有四枚钱腔，两枚为面部，两枚为背部。钱文为阴文"五铢"，显得整齐工致，却缺少汉武帝五铢的劲健霸气；"五"字交笔盘曲，使得连接上下横的两条线段几近平行；一枚钱币为"穿上横郭"版式，另一枚为无标记版式，虽然汉武帝五铢也有此类型，但此范片显示的穿上横郭，截面呈单面大缓坡的梯形，底面极宽，这与汉武帝五铢穿上横郭陡立特起的特征显然有别。根据以上特征比照后发现，此种特征的五铢与汉宣帝时期的铸币吻合。因而，此件范包可以确定为汉宣帝时期的叠铸遗物。

图 2-14　中国国家博物馆藏四铢半两铜范母（钱模直径 24 毫米）

图 2-15 陕西钱币博物馆藏四铢半两铜范母（钱模直径 24 毫米）

其二，2005 年嘉德春拍中的第 5031 号拍品[23]，是一件残存十四片的五铢陶范包，形制基本与中国钱币博物馆藏品相类，五铢特征也基本相符，只是没有穿上横划，可基本确定为汉宣帝时期的叠铸实物。

其三，近年来山西夏县西汉铸钱遗址出土一定数量的叠铸五铢陶范包和范片，在山西夏县博物馆收藏的实物中，范包和钱腔的形制以及钱腔文字特征都与中国钱币博物馆藏品近似，可基本确定为汉宣帝前后的叠铸遗存。就部分了解到的信息而言，夏县铸钱遗址出土的叠铸五铢范片形制至少存在三种：两枚面文皆为"穿上横"版式；两枚面文都无标记；一枚为"穿上横郭"版式，另一枚无标记（图 2-18）。

"昭宣中兴"之后，西汉王朝进入了衰世，汉元帝、汉成帝、汉哀帝和汉平帝统治时期的纪年陶母范或钱范鲜见，很难分清其中每一阶段铸币的细节特征，也就难以框定出此时期的叠铸法铸钱实物。但毫无疑问的是，这时的叠铸法铸钱工艺仍在继续应用并演进着，否则其后新莽叠铸法铸钱工艺的兴盛繁荣便无法解释了。

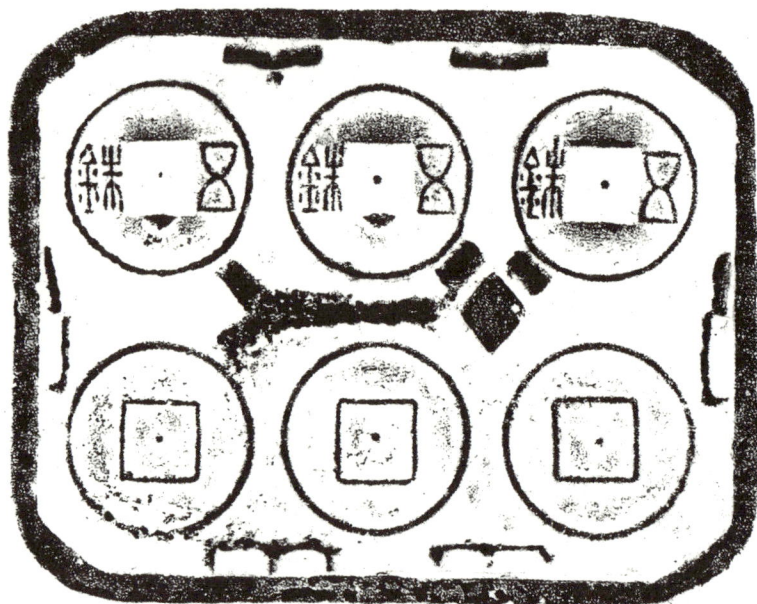

图 2-16   陕西麟游县博物馆藏郡国五铢铜范母（类长方体榫卯）拓片（钱模直径 26 毫米）

图 2-17   中国钱币博物馆藏汉宣帝五铢叠铸陶范（钱腔直径 26.8 毫米）

图 2-18　山西夏县博物馆藏汉宣帝五铢叠铸陶范（钱腔直径约 27 毫米）

　　以汉武帝铸郡国五铢为标志，中国古代叠铸法铸钱工艺完成了重大的技术创新，即把发轫期的原始叠铸发展到榫卯扣合式叠铸，出色地解决了用叠铸工艺铸造有背郭钱币的技术难题，为叠铸法铸钱工艺走向兴盛奠定了坚实的基础。此后直到新莽之前，是叠铸工艺的一个重要演进阶段。客观上讲，由于这一时期更多地使用金属范铸钱（大量出土的五铢铜范和铸铜范之陶母范也证实了这一点），此时的叠铸法铸钱工艺在整个铸钱业中只是居于配角的位置，处于蓄势发展期。

三、叠铸法铸钱工艺的繁盛期

　　王莽统治时期先后出现了四次币制改革，在钱币形制的迅速更替中，叠铸法铸钱工艺的运用逐渐普遍起来，并日益成为当时的主流铸钱工艺；叠铸工艺更在新莽天凤元年（公元 14 年）第四次币制变革后发展成为居于压倒优势地位的铸币技术，这种鼎盛的局面也由此持续到东汉结束。试分阶段考述之：

　　第一阶段：王莽前三次币制改革。

　　王莽篡夺政权后于居摄二年（公元 7 年）开始币制变革，此后数年间铸币形制及钱文屡有更易，在第四次改革前，已经出现了"契刀五百""一刀平五千""大泉五十""小泉直一"和"六泉十布"等系列繁杂的铸币品种，从已经发现的此时期的陶母范、钱范来看，除了西汉中期以来一度居于主流的铜范铸钱工艺仍在沿用外，大量的铜范母和相关遗物昭示着叠铸法铸钱工艺在当时正趋于繁荣。其中，以"大泉五十"铜范母（图 2-19）[24] 和陶范包的出土为最多，一些相当稀少的钱币品种也出土了相关的叠铸实物，如上海博物馆藏"次布九百"陶母范（图 2-20）[25]，该种陶母范亦被称为"铸铜范母之陶范"。

第二阶段：从王莽第四次币制改革到东汉结束。

新莽天凤元年（公元 14 年）重新变更币制，铸行"货泉"和"货布"，"布泉"（悬针篆）铸造虽未出现在典籍记载中，但存世实物显示其为王莽第四次币制改革时铸行。迄今，各地出土了相当数量的此时期叠铸法铸钱实物（图 2-21）[26]，而几乎找不到如铜范铸钱等非叠铸工艺的证据，虽不能就此完全否认并存其他铸钱工艺的可能性，但叠铸法铸钱在当时处于绝对优势地位已是不争的事实。

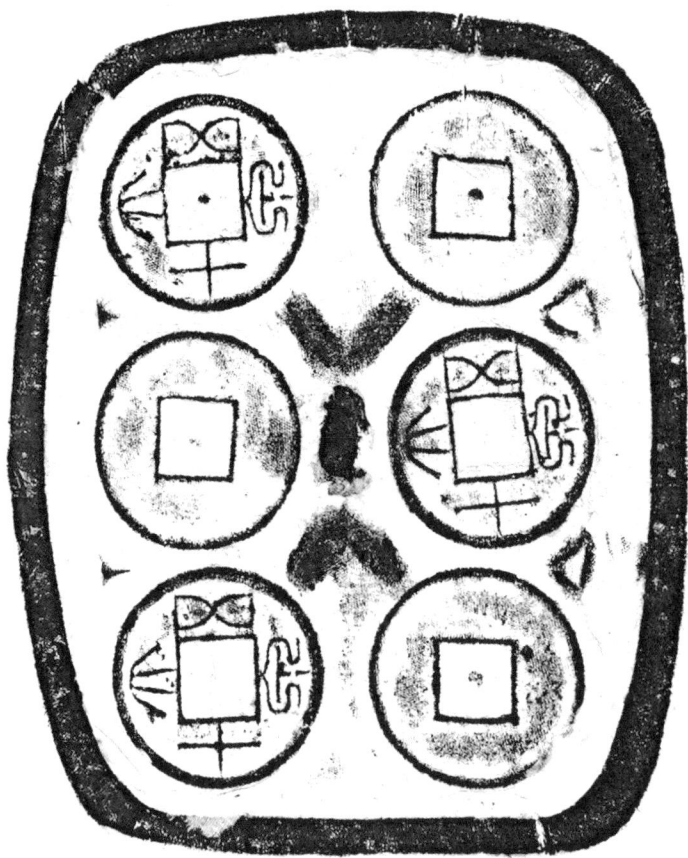

图 2-19　陕西西安西郊后围寨征集"大泉五十"铜范母（三棱锥体榫卯）拓片（钱模直径 28 毫米）

从存世铸钱遗物来看，叠铸工艺几乎垄断了全部的铸钱活动。叠铸工艺在铸钱业中的这种垄断状况一直持续到更始帝和东汉时期，甚至在其后更远的三国两晋南北朝时期也维持了相当长的时间。

叠铸金属范母及范片上的榫卯结构，也随着叠铸法铸钱技术的演进而不断发展变化。考究叠铸模范榫卯等形制的演变特征，对正确认识古代的叠铸法铸钱技术，以及古钱、范母（钱模）和钱范的断代与辨伪，都有积极的意义。在叠铸法铸钱工艺的发轫期，半两钱是平背的形制，叠铸模范一般不需要设计出榫卯（特殊情况例外），模印出的范片按一个方向平卧叠置即可。在叠铸法铸钱的发展期，自铸郡国五铢开始，由于五铢钱有背部缘郭，叠铸工艺中普遍采用了榫卯的设计。郡国五铢叠铸模范上榫卯形状的变化较多，榫头以类长方体（见图 2-15）为主，还有类正方体、三棱锥体，以及其他异形体等，这与叠铸技术处于摸索过渡阶段的历史背景相吻合。到西汉中后期，叠铸模范的榫头形状更多的是双斜坡体和类方形体等，半球体榫（也近似钝头圆锥体）开始出现。

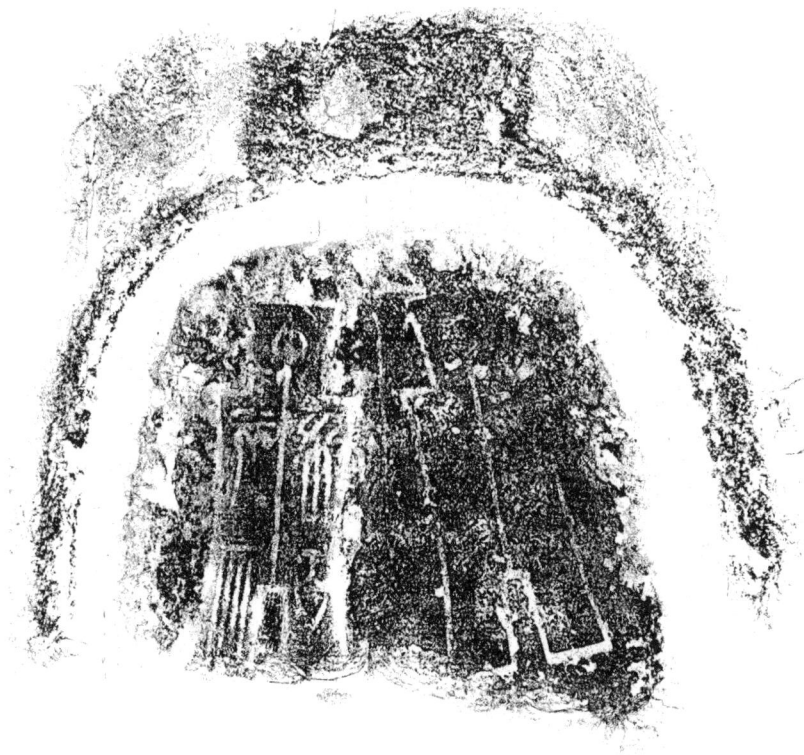

图 2-20　上海博物馆藏"次布九百"陶母范拓片（钱腔长 53 毫米）

在叠铸法铸钱的繁盛期，在王莽前三次币制变革中，三棱锥体（见图 2-18）成
为当时叠铸模范榫头设计的首选，其他如双斜坡体、类方形体、半球体和异形
体等也有遗存；自王莽第四次币制改革开始，半球体榫（见图 2-21）成为主流

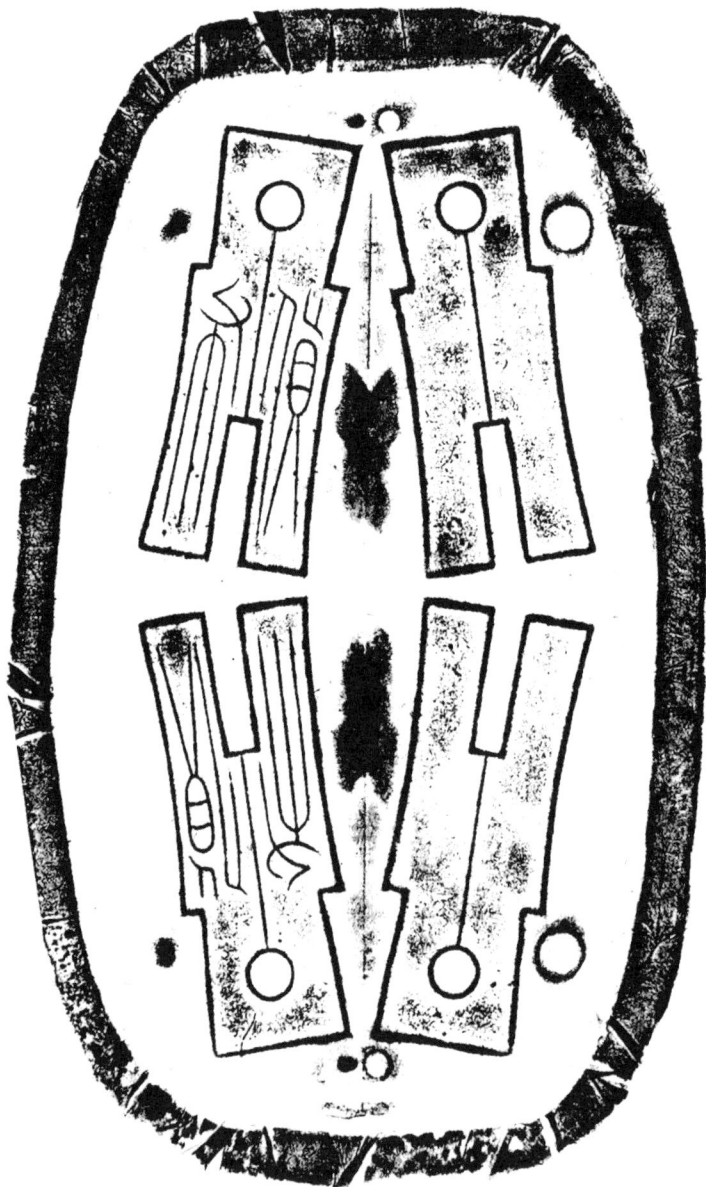

图 2-21　新莽"货布"叠铸铜范母（半球体榫卯）拓片（钱模长 59.5 毫米）

的设计，三棱锥体榫等仍在一定范围内使用；半球体榫发展到东汉以后日益普及并一再强化，使得其他形状的榫卯基本淡出了历史舞台，由此，半球体榫设计几乎在叠铸法铸钱的世界里一统天下。

概而言之，在长达四百年的两汉，叠铸法铸钱工艺经历了它的发轫期、发展期和繁盛期，将其最曲折、最华美的演出留在了两汉。相信对两汉叠铸法铸钱工艺纵向和横向的深入探究，不仅为还原历史本来面目增添必要的素材，而且会大大地推进通过铸钱工艺来解读钱币学、货币史的学术研究工作。

（原文见杨君、周卫荣：《汉代叠范铸钱发展历程考索》，《中国钱币》2006 年第 2 期。本文有修订）

更始五铢，即更始帝刘玄统治时期铸行的五铢钱。《汉书》《后汉书》等典籍不载更始帝铸钱事宜，后世金石学者也长时间没有提及更始五铢。直到近代，有金石家收藏披露"更始二年"铜范母，更始五铢才开始被关注。由于仅有更始纪年铜范母为参照，在数量众多的历代五铢钱中去寻找短暂铸行的更始五铢，无异于大海捞针。民国时期，古泉学者开始寻找可能的更始五铢，但成果乏善可陈。改革开放后，钱币学迎来大发展，对出土五铢实物、铸钱模范等的梳理和研究日渐深入，更始五铢的真实面目逐渐被揭示。

一、钱币学史中的"更始五铢"

中国钱币学对更始五铢的关注是很晚的事情。中国钱币学起源于传统金石学，金石学者非常关注典籍文献中的铸钱信息，由于古代相关典籍没有更始帝铸钱的记载，更始五铢直到近代才被谈及。

《汉书》载："二年二月，更始到长安，下诏大赦，非王莽子，他皆除其罪，故王氏宗族得全。三辅悉平，更始都长安，居长乐宫。"[27]《后汉书》载："（地皇）四年正月，破王莽前队大夫甄阜、属正梁丘赐，斩之，号圣公为更始将军。众虽多而无所统一，诸将遂共议立更始为天子。二月辛巳，设坛场于淯水上沙中，陈兵大会。更始即帝位，南面立，朝群臣。……于是大赦天下，建元曰更始元年。……五月，伯升拔宛。六月，更始入都宛城。""九月，东海人公宾就斩王莽于渐台，收玺绶，传首诣宛。……是月，拔洛阳……更始遂北都洛阳……申屠建、李松自长安传送乘舆服御，又遣中黄门从官奉迎迁都。二年二月，更始自洛阳而西。""初，王莽败，唯未央宫被焚而已，其余宫馆一无所毁。宫女数千，备列后庭，自钟鼓、帷帐、舆辇、器服、太仓、武库、官府、市里、不改于旧。更始既至，居长乐宫，升前殿，郎吏以次列庭中。""（更始三年）九月，赤眉入城。更始单骑走，从厨城门出。""（更始三年）十月，更始遂随禄肉袒诣长乐宫，上玺绶于盆子。"[28]这是以上两部正史关于更始帝的重要内容，都未提及更始帝铸钱情况。

1935年出版的《小校经阁金文拓本》收录有更始二年铜范母拓本两幅："汉五铢阳文泉范八"和"汉五铢阳文泉范九"（图2-22），该书将范母铭文释读为"更始二年十月工緱岑刻"[29]。铭文应释读为"更始二年七月工緱岑刻"。铜范母的祖模是工人緱岑刻制，以此祖模可模印翻范铸造出带钱模和铭文的铜范母。上海博物馆收藏有一件更始二年铜

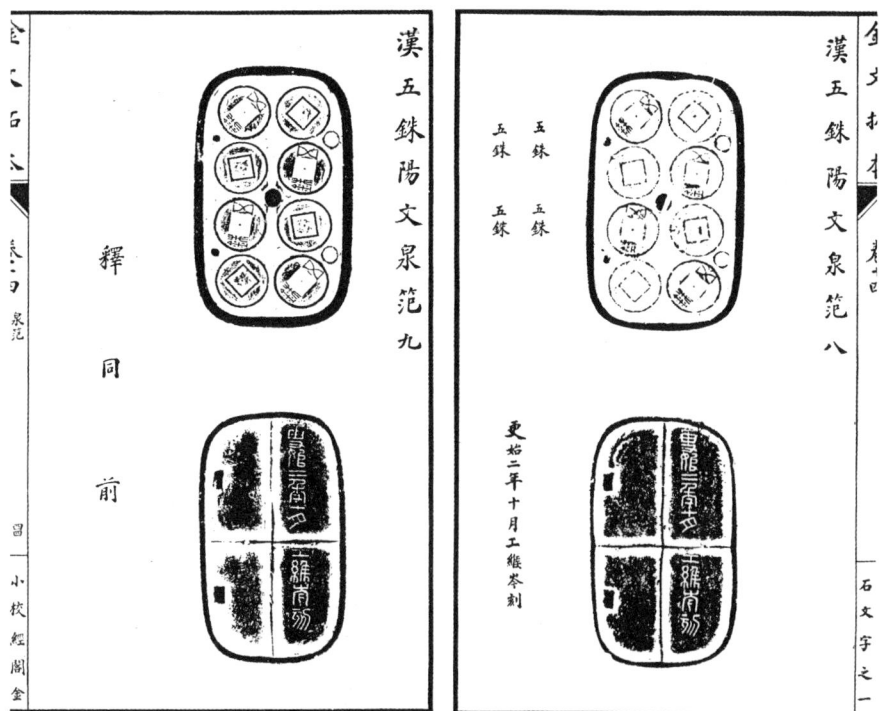

图 2-22　《小校经阁金文拓本》收录更始二年铜范母拓片

范母（图 2-23），包浆温润，具有清代民国金石藏家藏品特征，根据特征（背后十字加强筋上的凿刻痕等）比对，应该就是《小校经阁金文拓本》著录的"汉五铢阳文泉范九"。

1936 年出版的《古钱大辞典》（编者丁福保序纪年为"民国二十五年"）明确提及更始二年五铢铜范母："淮阳王五铢，文字严整，制作精美，据范著年月：'更始二年十月。'"[30] 该辞典把更始二年五铢铜范母所呈现出的五铢钱形制精整的特点进行了概括，却将更始帝刘玄与西汉末年诸侯王淮阳文王刘玄混淆，称更始二年铜范母所显示的五铢为"淮阳王五铢"。

由于更始二年五铢铜范母的披露，民国钱币学者开始寻找更始五铢钱。1940 年出版的《历代古钱图说》（作者自序纪年"民国廿九年四月"）披露了当时认定的所谓更始五铢（图 2-24），在钱币拓片图下注释："五铢，《汉书·刘玄传》'更始二年十月，铸五铢钱'按此钱旧谱不载，今又有更始二年之五铢钱范可证。"[31] 从选择的钱币拓片图看，"圆头朱"特征明显，文字线条粗细不齐，是一枚典型的东汉五铢，不是更始五铢。另外，由于《历代古钱图说》和《古钱大辞典》都是丁福保主持编写的，也都犯了同一文献著录的错误，即

图 2-23　上海博物馆藏更始二年铜范母（钱模直径 26 毫米）

想当然地认定更始二年铜范母所显示的信息存在于《汉书》。其实，《汉书》
没有更始年铸五铢钱的任何信息。

　　丁福保虽然没有找到正确的更始五铢，但他的贡献在于指出了以更始铜范母
去寻找更始五铢钱币实物的研究思路，并进行了初步实践。1949 年后，彭信威
出版《中国货币史》，也指出"王莽之后，刘秀之前，还有两个人铸过钱。即
刘玄和公孙述。淮阳王刘玄在更始二年（公元 24 年）曾铸造五铢，并有钱范遗

留下来，所以这种五铢，可以识别"[32]。虽然彭氏也混淆了更始帝刘玄和淮阳文王刘玄，但进一步明确了以范母寻钱的学术思路。

二、有关实物的出土与发现

1949 年后，西安市文物局在西郊三桥镇征集到生坑的"更始二年"五铢铜范母（图 2-25），铜范母及铭文与《小校经阁金文拓本》著录的更始铜范母一致，《秦汉钱范》将其铭文释读为："更始二年十月工维李刻。"[33] 这是继上海博物馆藏更始二年五铢铜范母之后，又一枚可见的官方博物馆收藏的更始纪年铜范母。具有更始纪年铜范母钱模特征的五铢钱就是最标准的更始五铢类型，定为 A 型更始五铢。

《秦汉钱范》又著录有一枚与更始纪年铜范母特征相仿的铜范母（图 2-26）[34]，该铜范母为陕西西安西郊后卫寨出土，目前仅见正面拓片和正面信息披露。从范母正面拓片看，该铜范母与西安三桥镇征集的更始纪年铜范母特征一致，应是铸造 A 型更始五铢铜范母。《小校经阁金文拓本》收录有"汉五铢阳文泉范十四"（图 2-27）[35]，为五铢叠铸铜范母，正面与西安后卫寨出土铜范母正面相同，背面为十字加强筋，与更始二年铜范母一致，只是没有铸造纪年铭文，应也是铸造 A 型更始五铢的铜范母。

《新莽钱范》披露了一枚铸造叠铸铜范母的陶母范背范（图 2-28）[36]，残存带浇口杯的陶母范上半部分，书中指出陶母范上有阳文"用作"二字。经作者仔细辨认，该隐约的阳文应释读为"更始"（图 2-29），与更始二年铜范母中的文字一致，该范应为铸造 A 型更始五铢铜范母的陶母范背范，不应编辑在《新莽钱范》中。

具有更始二年五铢铜范母特征的 A 型更始五铢钱也在不同的窖藏中出土，虽数量鲜少，但因其特征足够明显，逐渐被拣选和指认出来（图 2-30）。该型钱是依据更始纪年铜范母确定的最标准的"更始五铢"。

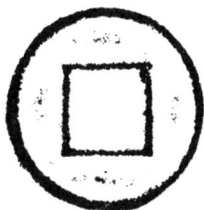

【角一】

漢書劉玄傳更始二年十月．

五鑄五銖錢按此錢舊譜不載．

銖今又有更始二年之五銖錢

範可證

图 2-24　《历代古钱图说》选录更始五铢拓片

图 2-25　西安市文物局征集的更始二年铜范母（陕西西安三桥镇出土）（钱模直径 26 毫米）

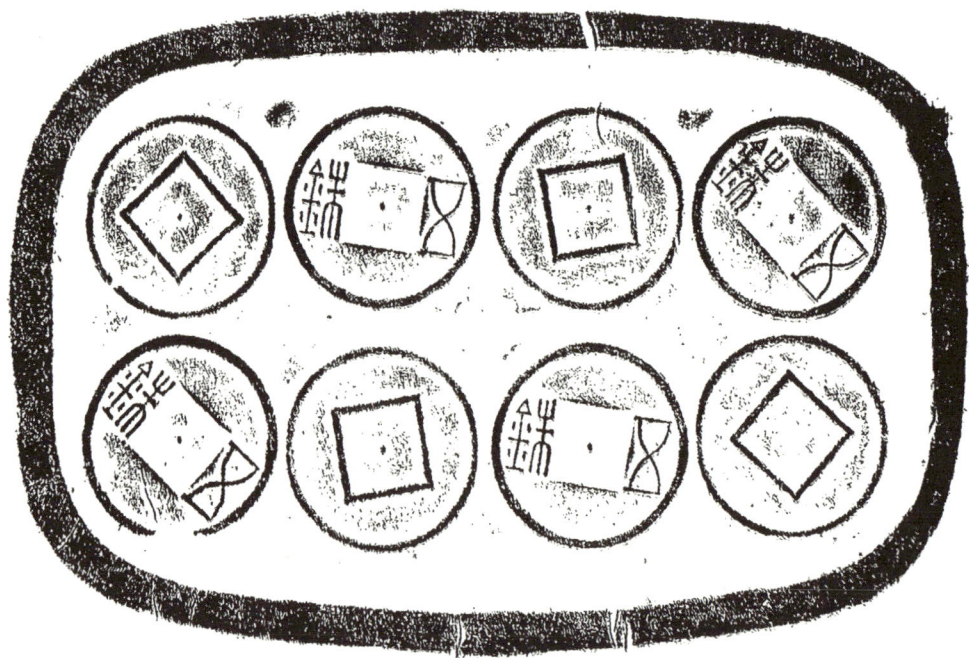

图 2-26　陕西西安后卫寨出土更始铜范母拓片（长 127、宽 76、钱模直径 26 毫米）

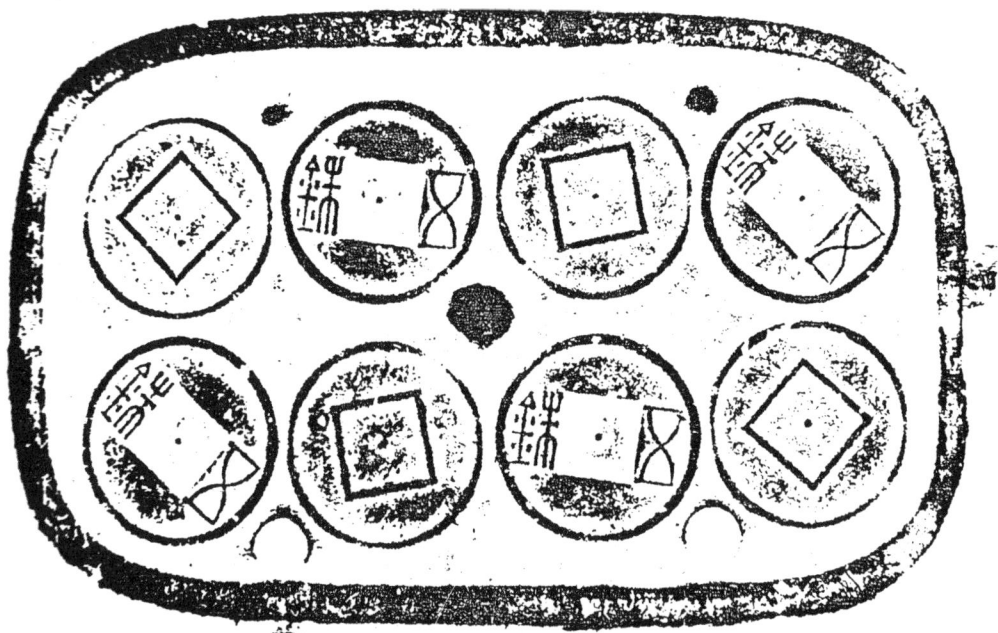

图 2-27　《小校经阁金文拓本》收录无纪年铭文更始铜范母拓片（钱模直径 26 毫米）

　　在出土窖藏五铢实物中，更始五铢往往和另一种具有"穿上横郭"标识的五铢钱（图 2-31）同出，该型钱也具有更始五铢的时代专有特征，明显区别于西汉晚期和东汉早期五铢，应属更始五铢的一种版式类型，定为 B 型更始五铢。值得关注的是，近年陕西西安出土了该型五铢特征的陶母范（图 2-32），是铸造铜范母的陶范，故称"陶母范"。这是第一次发现的更始五铢陶母范的面范。对研究更始五铢铜范母铸造工艺和确认新的更始五铢类型有重要意义。

　　在梳理已披露钱范信息中，发现上海博物馆藏有一枚亦属 B 型更始五铢特征的"吉"字铜范母（图 2-33）[37]。该铜范母形制与"更始二年"铜范母一致：椭圆形，八枚钱模，四正四背，半球状榫头；背十字形加强筋。只是没有纪年铭文，背部铸有阳文吉语"吉"。这枚铜范母钱模风格与陕西西安出土同为"穿上横郭"特征的叠铸五铢钱陶母范一致，仅在钱模排布上有所区别：该"吉"字铜范母"五铢"钱模四枚正面在一侧，四枚背面在另一侧，不似西安出土叠铸陶母范的钱腔正面和背面错落交替布局。

图 2-28　更始五铢陶母范背范

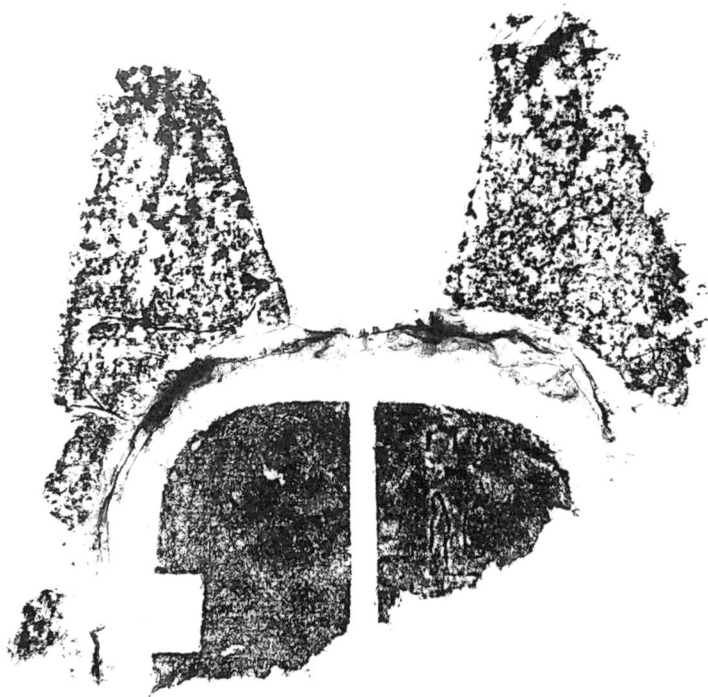

图 2-29　更始陶母范背范拓片（水平翻转图）

图 2-30　A 型更始五铢（一）

图 2-31　同一坑口的 B 型更始五铢（上面两枚）和
A 型更始五铢（下面两枚）

图 2-32　B 型更始五铢陶母范面范（残长 99、钱腔直径 26.2 毫米）

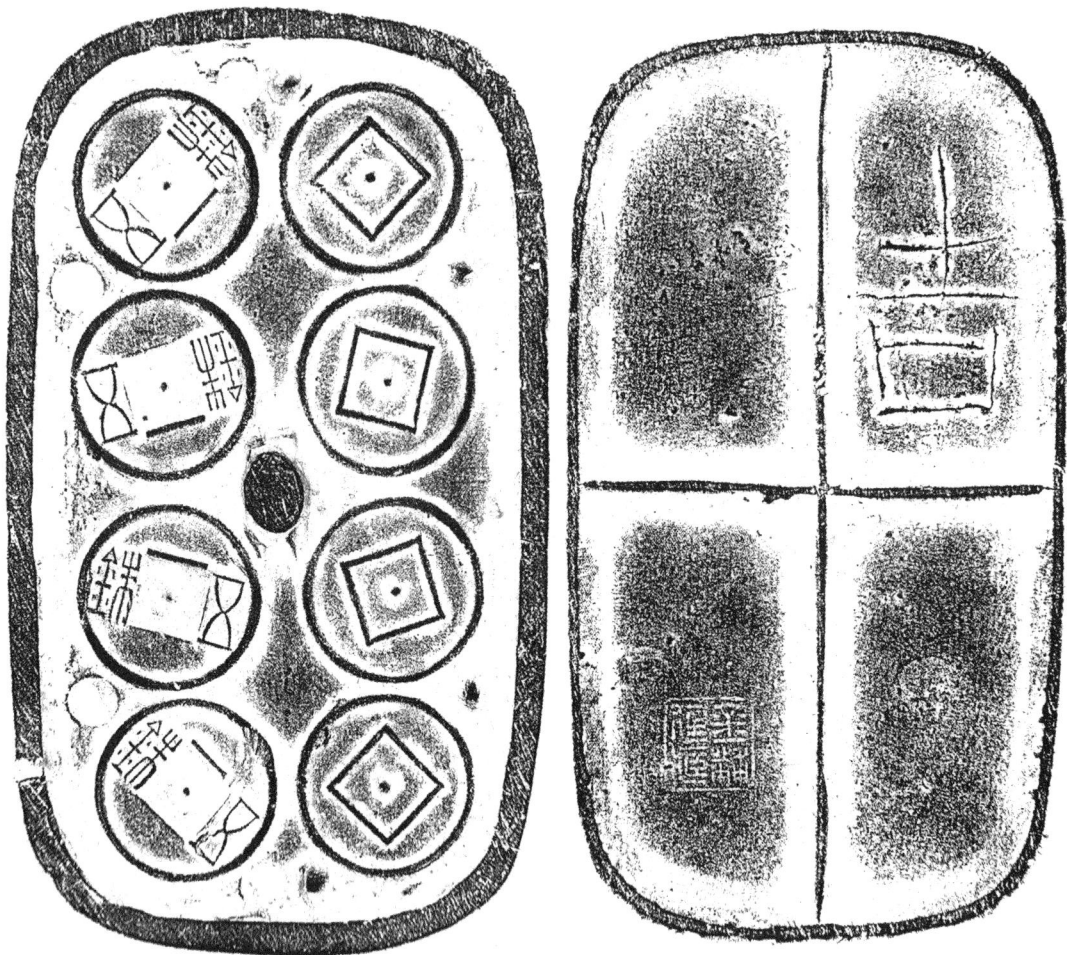

图 2-33　上海博物馆藏 "吉" 字更始铜范母拓片（钱模直径 26 毫米）

　　陕西西安汉长安城遗址区的孟家村曾出土半块五铢铜范母（图 2-34）[38]，从范母形制和五铢钱模的特征看，该铜范母时代在新莽和东汉铸建武五铢之间。在西汉末和东汉初的钱币窖藏中，偶尔能挑选出与孟家村出土铜范母五铢钱模特征一致的五铢钱实物，这类五铢也被称为 "孟村五铢"（图 2-35），文字严整，制作精美，与更始二年铜范母呈现的五铢风格一致，定为 C 型更始五铢。孟村五铢在五铢钱中较为稀见，根据披露的材料，上海博物馆藏有一枚孟村五铢（图 2-36）[39]，其藏品图录将该钱编入了 "西汉五铢" 版块。

　　陕西咸阳泾阳曾出土一类特别的五铢钱（图 2-37），多为毛边，没有经过锉边、滚边加工修整，且多有铸造缺陷，应是半成品或铸钱废料。该批五铢钱特征明显：

图 2-34　陕西西安孟家村出土铜范母（钱模直径 26 毫米）

图 2-35　孟村五铢（一）

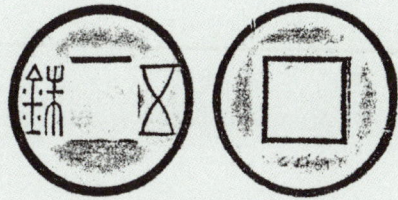

图 2-36　上海博物馆藏孟村五铢

图 2-37　泾阳五铢（一）

具有粗直突出的穿上横郭；钱文"五"字修长，交笔较直；"铢"字"朱"头为"亚方头朱"；版式单一。钱币界以出土地命名该类五铢，称之为"泾阳式"或"泾阳五铢"。泾阳五铢呈现的特征要早于东汉建武五铢，晚于西汉晚期五铢，而期间确切铸造的官式五铢钱，目前仅指向更始五铢，泾阳五铢应是更始五铢的一个类型，暂定为 D 型更始五铢。

三、更始五铢的铸造时间、地点和铸造工艺

关于更始五铢的铸造时间。前文提到《汉书》《后汉书》曾记载，"二年二月，更始到长安，下诏大赦"[40]，"（更始三年）九月，赤眉入城。更始单骑走，从厨城门出"[41]。据此可知，更始帝的铸钱时间应在更始二年（公元 24 年）二月到更始三年（公元 25 年）九月之间，若其间持续铸钱，总铸钱时间约有一年半。

关于更始五铢的铸造地点。从存世更始五铢铜范母、陶母范的出土或征集地点看，有确切信息的都出自今陕西西安地区，最主要的更始五铢钱窖藏也大都出自西安及周边地区，即更始帝都城长安及附近。《后汉书》记载新莽覆灭时，长安仅未央宫被焚毁，更始帝入都长安，制度"不改于旧"。文献虽未确切提及更始帝铸五铢钱事宜，但文献中隐含着更始帝继续沿袭西汉、新莽铸钱的制度铸行更始朝钱币。更始政权是对西汉王朝的"复兴"，铸造五铢钱是必然选择。自汉武帝上林钟官、技巧、六厩三官铸钱，西汉中后期沿袭，直到"成帝建始二年（公元前 31 年）省技巧、六厩官"[42]。上林三官仅留钟官铸钱。新莽沿袭，从出土新莽铸钱陶母范铭文看，钟官已分"钟官前官""钟官后官"[43]或"前钟官""后钟官"[44]。更始帝刘玄在新莽覆亡后，入都长安，不改于旧，继续安排钟官铸钱，铸行更始五铢。

关于更始五铢的铸钱工艺。根据存世铜范母和陶母范判断，都指向"叠铸法"铸钱工艺。所谓叠铸法铸钱，即以青铜等质地的金属阳模（俗称"范母"）翻印出众多泥质范片，层层水平相叠成范包，并在烘干后共用一个直浇道垂直浇铸的铸钱工艺[45]。

从存世的更始五铢铜范母、陶母范看，更始五铢叠铸范母具有以下四个共同特点：椭圆形，八枚钱模，半球状榫和背部十字加强筋。梳理已披露铸钱模范发现：西汉五铢虽有叠铸模范，但都不同时具备以上特征；新莽铸钱模范仅有一类"货泉"铜范母同时具有以上四个特征，如西安文物局藏"母三"铭文货泉叠铸范母（图 2-38）[46]，又如《小校经阁金文拓本》著录"母二"铭文货泉范母[47]等等。"货泉"是新莽天凤元年（公元 14 年）第四次币制改革才开始铸行的货币，是存世最多的新莽货币，货泉叠铸法铸钱一直进行到新莽政权瓦解，

其叠铸工艺特点直接被更始铸钱沿用。更始之后，东汉建武五铢铜范母也具有更始五铢铜范母的四个共同特点（图2-39）[48]，建武铸五铢又是对更始铸钱工艺的继承。

更始五铢铸钱继承了王莽第四次币制改革后的铸钱工艺，即完全采用叠铸法铸钱，而不是前三次币值改革中并行采用金属范铸钱和叠铸法铸钱两种工艺。这一工艺后被东汉铸造建武五铢时继续沿用。因此，更始五铢铸钱工艺具有承上启下的作用，是两汉铸钱工艺演进历程中的重要一环。

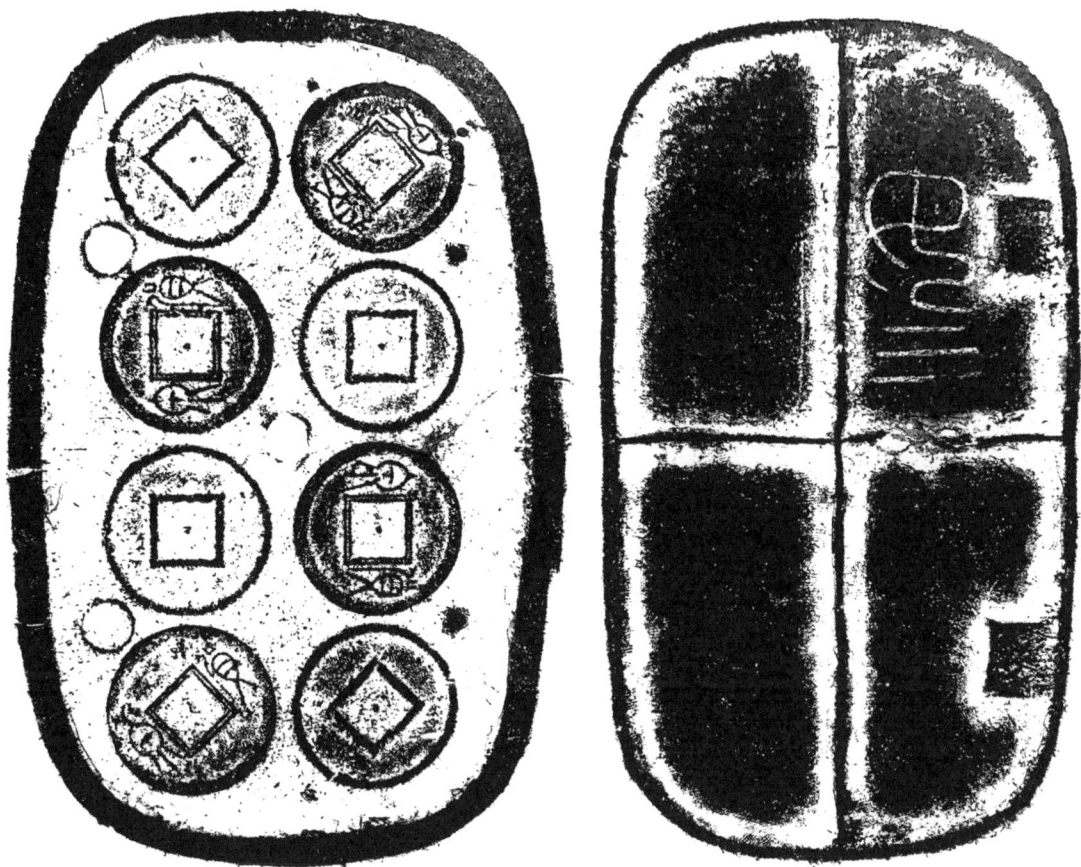

图2-38　西安文物局藏"母三"货泉叠铸范母拓片（钱模直径23毫米）

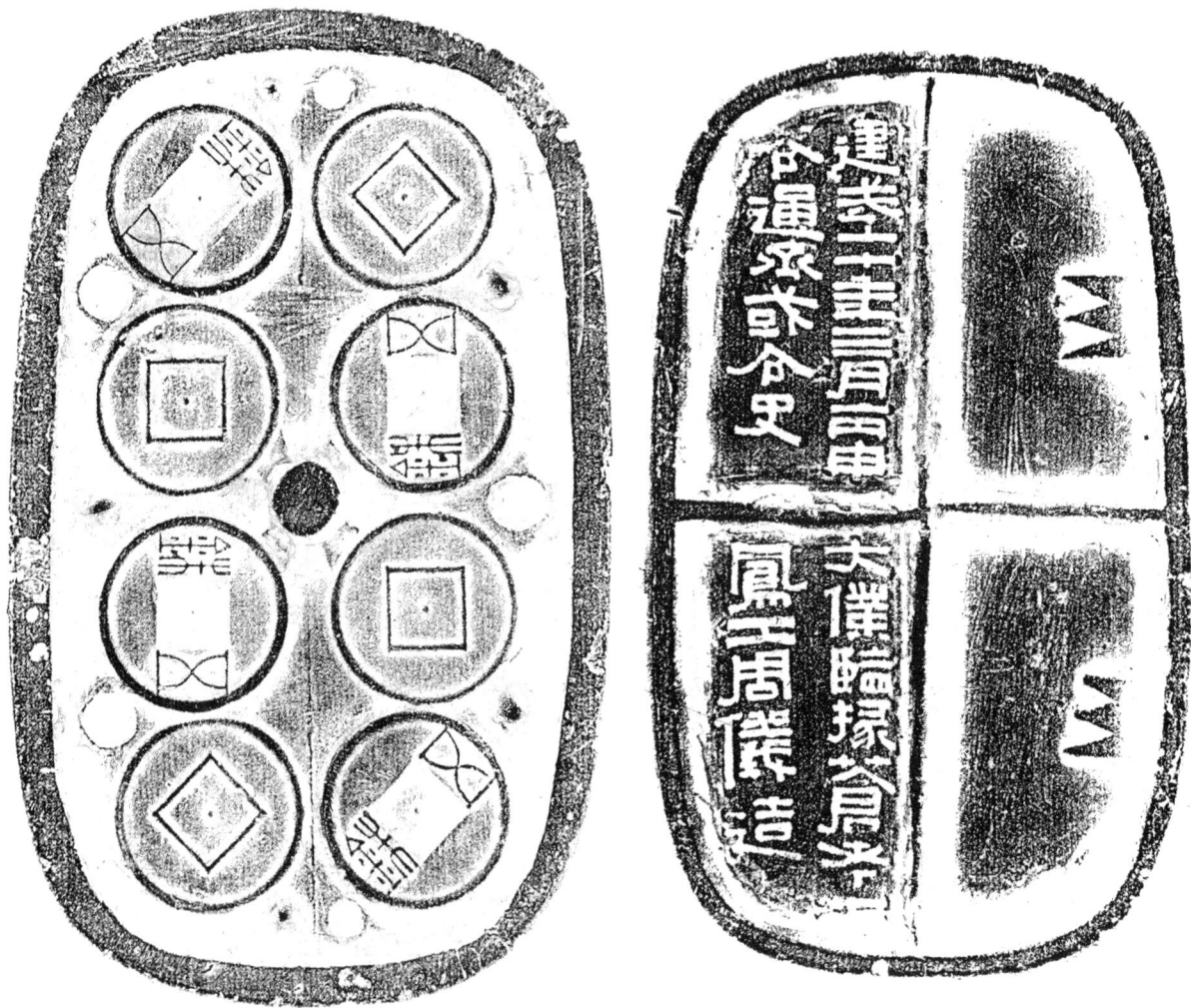

图 2-39　上海博物馆藏东汉建武铜范母拓片（钱模直径 26.5 毫米）

四、更始五铢的版式类型

以考古类型学为指导，以钱币版别学为实践参考，更始五铢版式类型探析的方法论思考如下：

第一，以确切的"更始二年"铜范母上的五铢钱模形制来寻找存世五铢中同样的品种，找到的同样五铢就是更始五铢的标准类型。

第二，根据西汉末年和新莽流通的最晚的五铢钱形制作为特征上限，根据东汉最早的建武五铢形制作为特征下限，处于二者之间形制特征的官式五铢钱，基本可确定为更始帝官铸五铢钱。

王莽政权并未铸造过新式的五铢钱，仅在第一次币值改革时，继续沿用西汉末年的五铢钱，后来为推行"小泉直一"等新品种钱币，甚至一度禁止西汉五铢钱的流通。西汉末年有汉元帝建昭纪年的五铢钱陶母范（图2-40）[49]，其上钱币形制可以作为西汉晚期五铢形制的参考。东汉最早的五铢就是建武五铢，《后汉书》载："初，（马）援在陇西上书，言宜如旧铸五铢钱。事下三府，三府奏以为未可许，事遂寝。及援还，从公府求得前奏，难十余条，乃随牒解释，

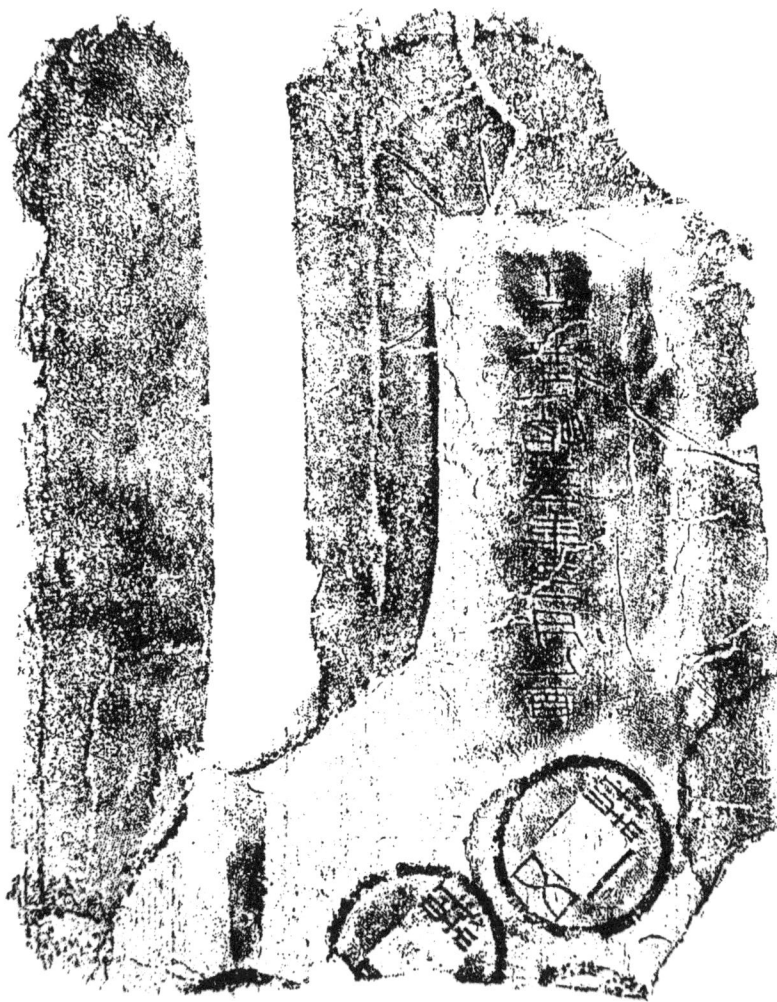

图 2-40　汉元帝建昭三年陶母范拓片（钱径约 25 毫米）

更具表言。帝从之，天下赖其便。"[50]建武五铢可根据存世建武纪年铜范母上的钱模形制确定。

第三，以铜范母确定的标准更始五铢钱为样本，对两汉之际有意义的五铢钱窖藏进行梳理，特征相似的同坑五铢钱，又排除西汉五铢和东汉五铢特征的，可以推定为更始五铢的其他类型。

第四，以出土具有更始特征的铜范母（如陕西西安孟家村铜范母）、陶母范（陕西西安出土）为蓝本，寻找到的同样五铢，可认定更始五铢的不同类型。

在以上方法论指导下，将目前所知的更始五铢类型版式列表如下（表2-2）。

表 2-2　更始五铢类型列表

类型	标本钱币	直径（毫米）	穿广（毫米）	重量（克）	特征			
					标识	"五"字	"铢"字	备注
A 型	标本 1（见图 2-30）	25.9	9.8	3.6	无	交笔缓曲	亚方头朱	铜范母型
	标本 2（图 2-41）	25.8	9.8	3.5	无	交笔缓曲	亚方头朱	铜范母型
B 型	标本 3（图 2-42）	25.4	9.5	3.1	穿上横郭	交笔缓曲	方头朱	陶母范型
	标本 4（图 2-43）	25.7	9.5	3.4	穿上横郭	交笔缓曲	方头朱	陶母范型
C 型	标本 5（见图 2-35）	25.0	9.3	3.3	穿上横郭	交笔较直	亚方头朱	孟村型
	标本 6（图 2-44）	25.3	9.4	3.5	穿上横郭	交笔较直	亚方头朱	孟村型
D 型	标本 7（见图 2-37）	27.5	10.2	3.9	穿上横郭	交笔较直、瘦长	亚方头朱	泾阳型，半成品
	标本 8（图 2-45）	27.6	10.2	4.0	穿上横郭	交笔较直、瘦长	亚方头朱	泾阳型，半成品

以上是考证并梳理出的更始五铢四种类型版式，是当前钱币界对更始五铢探索的最新成果。更始帝铸五铢钱虽时间短暂，但由于处于群雄并起、新莽崩溃的乱世，再加上当时官府铸钱工艺刚刚发展到全面采用叠铸法铸钱阶段，更始帝刘玄沿用新莽铸钱机构钟官铸造更始五铢，客观上存在同一时代风格下的不

图 2-41　A 型更始五铢（二）

图 2-42　B 型更始五铢（一）

图 2-43　B 型更始五铢（二）

图 2-44　孟村五铢（二）

图 2-45　泾阳五铢（二）

同类型版式差异。

　　古代史家曾把恢复五铢钱的功绩算到了汉光武帝刘秀头上，《汉书》言："自发猪突豨勇后四年，而汉兵诛莽。后二年，世祖受命，荡涤烦苛，复五铢钱，与天下更始。"[51] 其实，新莽之后，最早恢复五铢钱的是更始帝刘玄，"更始二年"纪年铜范母和各种类型的更始五铢等就是明证。所谓的刘秀"复五铢钱"，也仅是对更始帝货币制度的沿袭发展。

　　本文对更始五铢的考察辨析，在钱币学史中仍属对更始五铢的阶段性认识。可以预见，随着对西汉晚期、新莽、更始和东汉初期铸钱工艺和遗存更深入的发现、揭示和研究，会有更丰富、更确切的更始五铢类型版式被考证和指认。

　　（原文见杨君：《更始五铢考辨》，《中国钱币》2022 年第 5 期。本文有修订）

前时，江苏南京出土一批阴文双面"五铢"的陶范（图2-46），据传来自老门东地区。南京地区历来出土六朝钱范，其中以南朝刘宋"四铢"陶范、萧梁"公式女钱"陶范、萧梁"铁五铢"陶范等为代表，这批出土"五铢"陶范与以前出土六朝铸钱陶范明显不同，应是未披露过的新品种铸钱陶范。

一、新见"五铢"陶范形制特征

该批"五铢"陶范为双面叠铸陶范，都不完整，呈残片状，残片有阴文"五铢"（图2-47）、"五"（图2-48）、"铢"（图2-49）字样，共计11枚（表2-3）。其中，9枚为正背双面范腔（图2-50），一面为钱币正面范腔，有阴文钱币文字，一面为钱币背面范腔，有铸造钱币背部外缘和内郭的凹线，背内郭为标准的正方形，无四决纹或四出纹；2枚为单面范腔（图2-51），应是叠铸范包最底部的一层范片，都是钱币正面范腔，带阴文钱文。陶范多以单枚钱腔为单位呈碎片状，有个别范片上显示两枚钱腔靠近在一起，钱腔最窄距离约0.7毫米。由于陶范都呈小片破碎状，没法确知完整范片的信息，如范片上有几枚钱腔？浇道如何设置？

表2-3　新见"五铢"陶范统计表　（尺寸：毫米）

名称	长度	宽度	厚度	钱腔直径	颜色	范腔
陶范1（见图2-47）	27.8	24.8	3.8	25	青灰	双面
陶范2	26.7	24	4	25	青灰	双面
陶范3	26.1	22.4	3.9	25	青灰	双面
陶范4	24.3	22.7	3.8	25	青灰	双面
陶范5（见图2-50）	24	23	3.5	25	青灰	双面
陶范6	27.9	24.2	3.8	25	灰红二色	双面
陶范7	28.3	27.2	3.7	25	灰红二色	双面
陶范8（见图2-63）	28	26.7	3.9	25	灰红二色	双面
陶范9（见图2-51）	26.7	26.4	3.5	25	灰红二色	单面
陶范10（见图2-49）	27.2	26.8	3.9	25	砖红	双面
陶范11（见图2-48）	38.4	21	8.4	25	砖红	单面

第四节　新见萧梁天监五铢陶范考

（New Findings on the Pottery Molds of the Tianjian Wu Zhu Coins in the Liang Dynasty of the Southern Dynasties）

图 2-46　江苏南京出土新品种铸钱陶范（天监五铢陶范）

图 2-47　阴文"五铢"陶范

图 2-48　阴文"五"陶范

图 2-49　阴文"铢"陶范

图 2-50　双面钱腔陶范

图 2-51　单面钱腔陶范

　　陶范质地坚硬，为细质泥沙料，应该经过严格的淘洗澄选，质地均匀无明显颗粒。陶范的颜色有变化，5 枚为青灰色，2 枚为砖红色，其余 4 枚范片都呈现灰红两色。这与南京出土的南朝刘宋"四铢"陶范都为青灰色，萧梁"公式女钱"陶范、"铁五铢"陶范都是砖红色不同，在烧制陶范火焰气氛的工艺操作上似处于变革中，具有过渡色彩。

　　测量了几枚钱腔相对完整的陶范片，钱腔直径都是 25 毫米，根据青铜钱币铸造热胀冷缩原理和以往铸钱实验研究成果，该种钱范铸造出来的钱币直径会缩小到 24.5 毫米左右，如果继续锉边修整，制造出的钱币成品直径应在 24 毫米左右。陶范钱腔所示的方穿部分，长度和宽度平均都在 9.5 毫米左右，所铸造出的钱币穿口应大于 9.5 毫米，接近 10 毫米。

　　陶范钱文皆为篆书。"五"字交笔缓曲，字形似两个对顶的炮弹头；"铢"

字为左右对称结构，偏旁"金"为"大三角头"或尖锐"小三角头""四竖杠点"，"朱"分"圆头朱""方头朱"两种类型。文字风格特征近似小一号的汉代五铢钱。钱范钱文"五"字一般高 8.5 毫米（个别瘦长型的高 9.5 毫米），一般东汉五铢钱"五"字高 10 毫米左右。

从该批陶质钱范呈现出来的钱币信息看，该种陶范铸造出的钱币直径约为 24 毫米，穿广接近 10 毫米，"五"字交笔缓曲，"铢"字偏旁"金"为"大三角头"或"小三角头""四竖杠点"，"朱"分"圆头朱""方头朱"两种类型。其中，"圆头朱"类型文字风格接近小一号的东汉标准五铢钱（东汉标准五铢钱直径约 25—26 毫米）。经研究比对，目前尚没有确切的出土存世钱币与之对应，其特征却与史书上记载的萧梁"天监五铢"钱较为吻合。

二、"天监五铢"的学术史回顾

《隋书·食货志》载："梁初，唯京师及三吴、荆、郢、江、湘、梁、益用钱。其余州郡，则杂以谷帛交易。交、广之域，全以金银为货。武帝乃铸钱，肉好周郭，文曰'五铢'，重如其文。而又别铸，除其肉郭，谓之女钱。二品并行。百姓或私以古钱交易，有直百五铢、五铢、女钱、太平百钱、定平一百、五铢雉钱、五铢对文等号。轻重不一。天子频下诏书，非新铸二种之钱，并不许用。而趋利之徒，私用转甚。至普通中，乃议尽罢铜钱，更铸铁钱。"[52] 这是关于梁武帝初年铸造五铢钱的最重要的记载，萧梁初年应在天监（公元 502—519 年）年间，只是未能确指某年。现存最早的中国钱币学著作是顾烜的《钱谱》，顾烜是萧梁时人，他记载了萧梁初年铸造五铢钱的准确年代及相关信息："天监元年铸，径一寸，文曰'五铢'，重四铢三参（作者按：应为'絫'）二黍，每百枚重一斤二两。"[53] 后世研究者遂以顾烜《钱谱》为准，订梁武帝铸行的第一种五铢钱为天监元年铸造，直接称其为"天监五铢"，并依《隋书·食货志》记载的"肉好周郭"为其主要特征。

综合以上信息，典籍记载的"天监五铢"具有以下特征：面文"五铢"，"径一寸""重四铢三絫二黍，每百枚重一斤二两""肉好周郭"等。关于"径一寸"，根据度量衡史的研究，"梁表尺"折合 23.61 厘米，"梁法尺"折合 23.26 厘米，"梁朝俗间尺"折合 24.74 厘米[54]，不能确知顾烜用的是哪种尺度，但大致萧梁一尺在 24 厘米左右，天监五铢"径一寸"，即十分之一尺，约为 2.4 厘米。关于"重四铢三絫二黍，每百枚重一斤二两"，衡制"南朝之宋、齐、梁、陈依古"[55]，萧梁衡制依循古制，当是沿用东汉两晋之制，东汉衡制"每斤单位量值合 222 克"[56]，依此折算天监五铢枚重约为 2.5 克。关于"肉好周郭"，字面理解为钱体和穿孔周边都有外郭，但没法确定是指钱面部位有内外郭，还是钱背部位，或是钱币正背都有内外郭，因历史上的五铢钱钱币背面一般都有内郭和外郭，钱币正面则一般仅有外郭，后世钱币学者理解的"肉好周郭"大多指的是钱币正面具有内郭和外郭。

后世学者一直在寻找"天监五铢"。清代乾嘉时期的著名钱币学者翁树培著有《古泉汇考》，对"天监五铢"做过早期的学术史回顾："顾烜曰：天监元年铸，径一寸，文曰'五铢'，重四铢三参二（《玉海》作'三'）黍，每百枚重一斤二（《通考》'二'作'三'，误）两。张台曰：五铢钱皆无好郭，惟此一种有之。又曰：肉好有郭者名梁钱。李孝美曰：按此钱多见之，复有一种径八分，重三铢，形制惟肖，而面漫薄恶，疑当时所盗铸者。《唐六典》曰：梁武帝置二种钱，内有周郭，文曰'五铢'，重如其文，又除内郭谓之'女钱'。"[57]翁树培在按语中称："此钱有郭，《泉志》所图颇大，郭与他五铢无异，误矣！今所见一种，径七分弱，重一钱，孔较他五铢稍小，制甚精好，肖'太货六铢'；一种径六分，重四分，颇轻小，'铢'字之'山'较下'巾'长短相等，不若他钱之上短下长也；一种径六分者，背穿左有凹文'十八'二字，极分明。倪迁存云：'梁五铢有肖面之有郭而差薄者，背四面有星。'"[58]翁树培对古代钱币文献和实物都非常熟悉，他关于天监五铢的按语很有价值，翁氏在"此钱有郭"的前提下，指出了三种可能的天监五铢钱：第一种，"径七分弱"，依清代民间通用的裁衣尺一尺约合35.56厘米[59]，则该钱直径约为24.9毫米；"重一钱"，清代权衡标准"以一两合37.3克"[60]，则该钱重3.73克；再综合"孔较他五铢稍小，制甚精好，肖'太货六铢'"等特征，翁氏所指该种钱应是今天普遍认定的"北周五铢"钱[61]，北周五铢（图2-52）直径约为25毫米，重3.7克左右，钱面有内外郭，铸造精美，穿口宽度较小，约8.5毫米，特征与翁树培所指第一种有郭五铢钱吻合。翁氏所指第二种，"径六分，重四分"，依清代度量衡换算，直径约21.4毫米，重量约1.5克，是一种轻小的钱币；另一重要特征是"铢"字右部"朱"上下部分长短相等，不像其他五铢钱上短下长。根据这些特征，与其对应的五铢钱是"蜀地晋五铢"（图2-53）。《中国钱币大辞典》"晋五铢"词条云："面背具内外郭……背有光背……或阴文纪数……。钱文'五'字与蜀汉直百五铢的'五'字风韵相似，背阴文格局相仿。但不属蜀汉的直百体系。且较严重减重后的直百五铢钱还要轻小。一般钱径在2.1厘米，钱形千枚一式。未见西晋以前三国时期的墓葬或窖藏出土，最早出土的是西晋早期墓葬。"[62]翁树培所言第三种钱币，其实是背面带阴文的蜀地晋五铢（图2-54），与第二种光背蜀地晋五铢其实是一种钱币。翁树培依据史书记载的"肉好周郭"特征，以钱面都有内外郭为标准，找到了他理解的可能是天监五

图 2-52　北周五铢

图 2-53　蜀地晋五铢

图 2-54　蜀地晋五铢阴文十八拓片

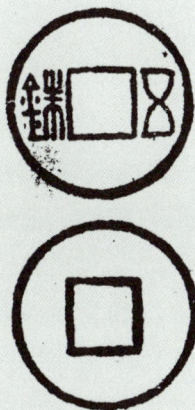

图 2-55　《古钱大辞典》收录所谓"梁五铢"拓片

铢的古代钱币，虽然今天的钱币研究证明翁氏找到的是北周五铢和蜀地晋五铢，不是天监五铢，但他找到了最符合钱面都有内外郭特征的古代五铢钱。

继翁树培《古泉汇考》之后，清代学者对天监五铢的探究没有突破。到民国时期，丁福保编纂《古钱大辞典》时，完全照搬了《古泉汇考》的内容，仅增加了民国时期钱币藏家方若《言钱别录》之"五铢钱考"的有关内容："梁五铢，武帝内郭五铢，'五'字两画离郭有微伸，有竟不伸。……今颇有以大者疑北周铸，谓类似周武帝'布泉'，其实与陈宣帝'太货六铢''铢'字更丝毫无异，则又何说？！况内郭五铢所见大小不一，皆精小者，间有面星，或且背决，同为武帝时铸。"[63] 以上可见，方若把钱面内外郭五铢钱都归入了萧梁天监五铢的范畴，仍属前辈钱币学者"按图索骥"般的探索。丁福保在其《古钱大辞典》（图 2-55）[64] 和《历代古钱图说》[65] 中，都将北周五铢厘定为萧梁天监五铢。

　　民国时期罗伯昭曾在《泉币》杂志发文，专门探讨天监五铢，罗氏认为："所谓'天监五铢'宜改称'天嘉五铢'。"虽然他的结论是错误的，但罗氏文中质疑北周五铢不应是真正的'天监五铢'，又指出"《隋书》之不足尽信也。……可知其言'肉好周郭'者，称其备有轮郭，以别与其时通用之剪凿'女钱''对文'等之无轮郭也。而张台竟泥之，遂定天监五铢独俱好郭，其他无之"[66]。罗氏认为的所谓"肉好周郭"的天监五铢，其实是区别于没有外郭的"女钱""对文钱"而言的，仅指轮郭完整，并非确指钱面都具有内郭和外郭。罗氏所论是难得的真知灼见，对后世探寻真正的天监五铢有指导意义。

　　彭信威是兼通文献和实物的著名钱币学家，也对钱币学难题的萧梁天监五铢极为关注，在其《中国货币史》中，彭氏曾困惑地指出："天监五铢到底是哪一种五铢，是一个难以决定的问题。"[67]他虽然做出了一些推测，但在其《中国货币史》图录中没有列出天监五铢。

　　改革开放以后，钱币学研究迎来了崭新的历史时期。2003年11月，中国钱币学会"六朝货币与铸钱工艺学术研讨会"在江苏南京召开，掀起了六朝铸币研究的热潮。一时间，六朝铸币的考古出土资料、博物馆藏文物信息、铸币模拟实验成果等被汇集和关注。天监五铢的研究在此期间仍被关注。1997年江苏镇江出土的一批萧梁陶范，曾被部分学者认为是"梁五铢与公式女钱的范片"[68]。其实，被认定为"梁五铢"陶范的"面、背皆有外郭，背有内郭，并多见四出文和四决文"[69]，而萧梁五铢陶范带四出文或四决文（图2-56）[70]的，都以1935年南京通济门外出土的五铢陶范（图2-57）[71]为代表，已经被普遍认定是萧梁普通四年（公元523年）铸造"铁五铢"（图2-58）的陶范，不是天监五铢铜钱陶范。另外，镇江此次出土所谓"公式女钱"陶范形制变化大，甚至有严重缺肉的"对文"形制，与南京出土的"公式女钱"陶范（图2-59）[72]明显不同。因此，该批镇江出土无外郭陶范可认定是地方铸造"女钱"和"对文钱"的陶范。

　　目前，钱币界还没有找到令人普遍信服的"天监五铢"钱币，也没有发现确切的铸造天监五铢的陶范。

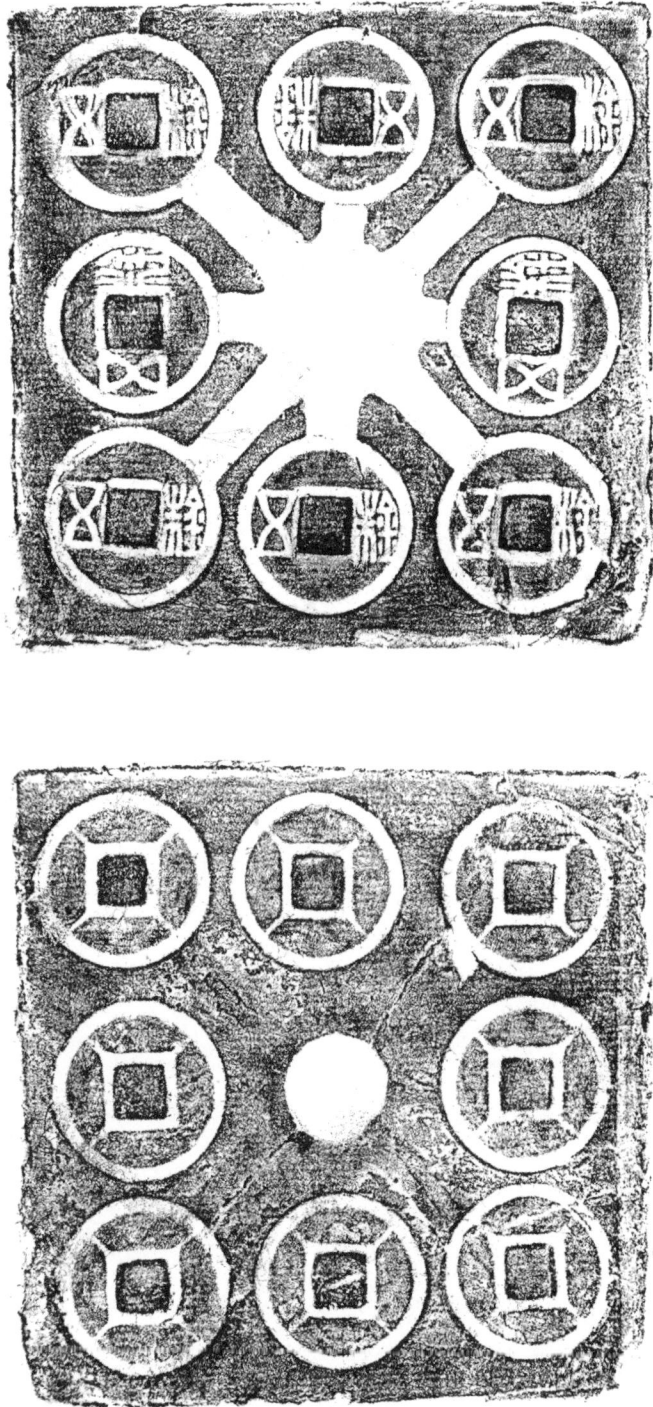

图 2-56　萧梁铁五铢陶范拓片

图 2-57　上海博物馆藏萧梁铁五铢陶范

图 2-58　萧梁铁五铢

图 2-59　中国钱币博物馆藏萧梁公式女钱陶范（钱腔直径 23 毫米）

三、以叠铸法铸钱演变为视角的审视

所谓"叠铸法铸钱"，即以青铜等质地的金属阳模（俗称"范母"）翻印出众多泥质范片，层层相叠成范包，并在烘干后共用一个直浇道垂直浇铸的铸钱工艺。作者曾撰《汉代叠范铸钱发展历程考索》[73]，对叠铸法铸钱工艺的发轫期、发展期和繁盛期进行了梳理和总结，两汉的叠铸法铸钱基本属于单面陶范叠铸工艺范畴（河南南阳曾出土新莽"大泉五十"双面叠铸陶范片，现存南阳市博物馆，应为当时私铸），江苏南京新出土"五铢"陶范所呈现的铸钱工艺已经是双面叠铸的特征，是汉代叠铸工艺的继续发展。值得研究的是，该批新出"五铢"陶范处在双面叠铸的哪个历史阶段呢？

整个两汉的叠铸基本未发现双面叠铸的情况，双面叠铸的起源是首先要关注的问题。

　　2000 年，在浙江杭州疏浚西湖工程中出土了"大泉五百泥范（图 2-60）、铸芯、钱树（图 2-61）和未铸成的大泉五百铜钱……钱范 34 块，泥质。分双面范和单面范两种。其中双面范 24 块，单面范 10 块。双面范，一面有反向阴刻'大泉五百'四字、另一面为钱纹"[74]。从中可知这是三国孙吴政权官府铸造"大泉五百"铜钱的叠铸遗存，其中的陶范普遍采用了双面钱腔，部分单面钱腔的陶范应是叠铸范包最顶部或最底部的范片。其实，早在 1975 年，镇江博物馆就在句容发现了一批孙吴叠铸法铸钱遗物，出土了直浇道残枝，以及未修整的"大泉五百"和"大泉当千"钱，只是没有发现铸钱陶范[75]。《三国志·吴书》记载：孙权"（嘉禾）五年（公元 236 年）春，铸大钱，一当五百。诏使吏民输铜，计铜界直。设盗铸之科"[76]。此次出土信息表明，至少在东吴孙权统治时期就开始了官式双面叠铸法铸钱。

图 2-60　杭州南宋钱币博物馆藏孙吴大泉五百陶范

图 2-61　杭州南宋钱币博物馆藏孙吴大泉五百叠铸残件

三国之后，西晋和东晋铸钱信息匮乏，目前尚没有发现确切的属于该时期的叠铸法铸钱的文献或遗物。

两晋之后的南北朝，北朝从北魏开始就发展出翻砂铸钱工艺，南朝最后的陈朝也采用翻砂铸钱工艺[77]。根据出土资料和钱币学研究，南朝的刘宋[78]、萧梁[79]两个王朝采用了双面叠铸法铸钱工艺。

中国历史上的双面叠铸法铸钱是叠铸法铸钱工艺的晚期类型，是叠铸法铸钱效率的顶峰阶段，后被翻砂铸钱取代。根据对中国古代叠铸法铸钱历程的梳理，双面叠铸法铸钱普遍出现在三国（最早起源可能更早些），结束于南北朝，时间范围主要在六朝时段。南京出土的"五铢"陶范新品也应是六朝这一历史时期内的遗物。对典型的六朝双面叠铸陶范信息进行整理和比对，建立一个古代双面叠铸法铸钱的坐标系，可以为南京新见"五铢"陶范寻找到大致的时代节点（表2-4）。

叠铸陶范的厚度和颜色是反映叠铸法铸钱工艺演进的重要内容。

关于陶范厚度。叠铸法铸钱由单面陶范发展到双面陶范，用料越来越省，陶范的厚度越来越薄，这是技术发展的自然要求，是提高效率、节约成本的必然选择。从存世陶范实物看，南朝刘宋四铢陶范（图2-62）厚度在一般在3—7毫米，且在这个区间内的变化较大，均值大致在4毫米；新见五铢陶范（统计双面范腔的标本）厚度一般在3.5—4毫米，变化区间较小，均值约在3.8毫米；萧梁公式女钱陶范厚度约在3毫米，从存世实物看厚度变化不大。从陶范厚度的均匀度和绝对厚度来看，南京新见五铢陶范代表的铸钱阶段，应处于南朝刘宋铸四铢钱之后和萧梁铸公式女钱之前。表中所列大泉五百陶范和铁五铢陶范分别是铸造大钱和铁钱的陶范，其陶范厚度不具有直接的比对意义，仅作为参考。

关于陶范颜色。陶范的颜色是其烧制气氛的反映。烧制陶瓷的火焰气氛可分

表2-4　典型双面叠铸陶范信息对照表　（尺寸：毫米）

名称	时代	出土地点	颜色	厚度	钱腔直径
大泉五百陶范	孙吴	杭州	砖红	约7.5	30—32
四铢陶范	刘宋	南京	青灰	3—7，多为4	约23
新见五铢陶范	疑为萧梁	南京	青灰、砖红	3.5—4，均值3.8	25
公式女钱陶范	萧梁	南京	砖红	约3	22—23
铁五铢陶范	萧梁	南京	砖红	约4—7	22—28

注：以上数据取自公开发表的代表性出土文献和存世陶范标本

图 2-62　刘宋四铢陶范
（钱腔直径 23 毫米）

图 2-63　双色萧梁天监五铢陶范
（钱腔直径 25 毫米）

为：氧化气氛和还原气氛。其中，氧化气氛是指燃料完全燃烧，窑中的氧气充足的情况下产生的一种火焰气氛，该气氛烧成的陶器多为砖红色；还原气氛则是陶瓷坯件在高温阶段的某一温度范围内处于缺氧中加热烧成的状态，这时窑中所产生的一氧化碳和氢气较多，没有或者极少存在游离氧，还原气氛可使陶瓷坯体内的高价铁（Fe_2O_3）得到充分还原变为氧化亚铁（FeO），烧成的陶器呈青灰色。据此，刘宋四铢陶范表面和范体都呈现青灰色，是在高温还原气氛中烧成的；萧梁公式女钱表面和范体都呈现砖红色，是在氧化气氛中烧成的；而新见五铢陶范有的呈现青灰色，有的呈现砖红色，或是一侧呈现青灰色而另一侧呈现砖红色（图 2-63），或是陶范的表面呈现青灰色而范体呈现砖红色（见图 2-51），说明了该陶范在烧制过程的高温阶段没有经过充分的还原气氛烧成。考虑到，萧梁公式女钱陶范和再晚些的铁五铢陶范都是完全氧化气氛烧成的砖红色，可以推测：南朝时期陶范烧制工艺趋向简单，由南朝初期刘宋烧制四铢陶范时，在高温阶段转化成还原气氛烧成，发展到在南朝中后段的萧梁时期，烧制公式女钱和铁五铢陶范采用氧化气氛烧制，在高温阶段不再严格转化成还原气氛。从这个意义上讲，南京新见五铢陶范的烧成气氛处于由高温时严格转换成充分还原气氛烧成，过渡到采用不充分的还原气氛烧制或干脆不再采用还原气氛工艺的时期，晚于刘宋铸造四铢钱，早于萧梁铸造公式女钱。

南京新见五铢陶范是铸造某种五铢钱的，不是刘宋铸币，其后萧齐王朝仅留下了一段在蜀地短暂铸钱的记录："遣使入蜀铸钱，得千余万，功费多，乃止。"[80]是否在都城建康（今江苏南京）铸钱？是否铸"五铢"钱？都无文献记载和确切出土证据。萧齐之后的萧梁，在铸造公式女钱之前，仅有铸造"肉好周郭"的天监五铢钱记载，而典籍中留下的天监五铢信息与新见五铢陶范信息非常吻合。

四、结语

种种信息都把江苏南京近来出土"五铢"陶范新品指向了萧梁天监五铢钱。据此，初步推定该批南京新见"五铢"陶范是萧梁时期铸造天监五铢钱的陶范。根据新见萧梁天监五铢陶范所呈现出来的信息，可以在存世和出土实物中找到可能的天监五铢。

南京出土公式女钱陶范后，钱币界一直没能找到该种陶范铸造出来的钱币，直到近来，南京土场偶有发现和公式女钱陶范形制（图 2-64）一样的钱币，终于寻找到了真正的"公式女钱"（图 2-65）[81]，这一钱币学难题终于尘埃落定。

根据史籍记载，天监五铢曾短暂流通过，顾烜《钱谱》在谈公式女钱时，也透露了天监五铢行用的相关信息："顾烜曰：天监元年铸，公式女钱径一寸，

图 2-64 公式女钱陶范钱币形制（钱腔直径 23 毫米）

图 2-65 江苏南京出土公式女钱（钱腔直径 23 毫米）

文曰'五铢'，称两如新铸五铢，但边无轮廓，未行用，又听民间私铸，以一万二千，易取上库古钱一万，以此为率。普通三年，始与新铸五铢，并行用，断民间私铸。"[82] 根据南京新出土天监五铢陶范所呈现的信息，天监五铢应该具有以下特征：直径约为 24、穿广接近 10 毫米；重约 2.5 克；"五"字交笔缓曲，"铢"字偏旁"金"为"大三角头"或"小三角头""四竖杠点"，"朱"为"方头朱"或"圆头朱"特征，文字风格接近小一号的西汉晚期五铢钱（"小三角头""方头朱"类型）或东汉标准五铢钱（"大三角头""圆头朱"类型）。期待着，随着天监五铢陶范的认定，历史上真正的天监五铢钱也能像公式女钱一样，被人们重新发现和辨识。

附记：2021 年又见到一批天监五铢陶范残片，共 26 枚（图 2-66），皆为双面陶范。发现该批标本中有明显的"方头朱"（图 2-67）和"圆头朱"（图 2-68）两种类型并存。"金"字除了"大三角头"，也有尖锐的"小三角头"类型，"小三角头"类型多与"方头朱"组合，形制接近小一号的西汉晚期五铢钱；"大三角头"多与"圆头朱"组合，形制接近小一号的东汉标准五铢钱。"五"字除了宽扁的类型外，也有瘦长型的（图 2-69）。这些标本更加丰富了对天监五铢特征的认识。文章内容根据新标本特征进行了补充调整。

（原文见杨君：《新见萧梁天监五铢陶范考》，《中国钱币》2019 年第 1 期。本文重新修订）

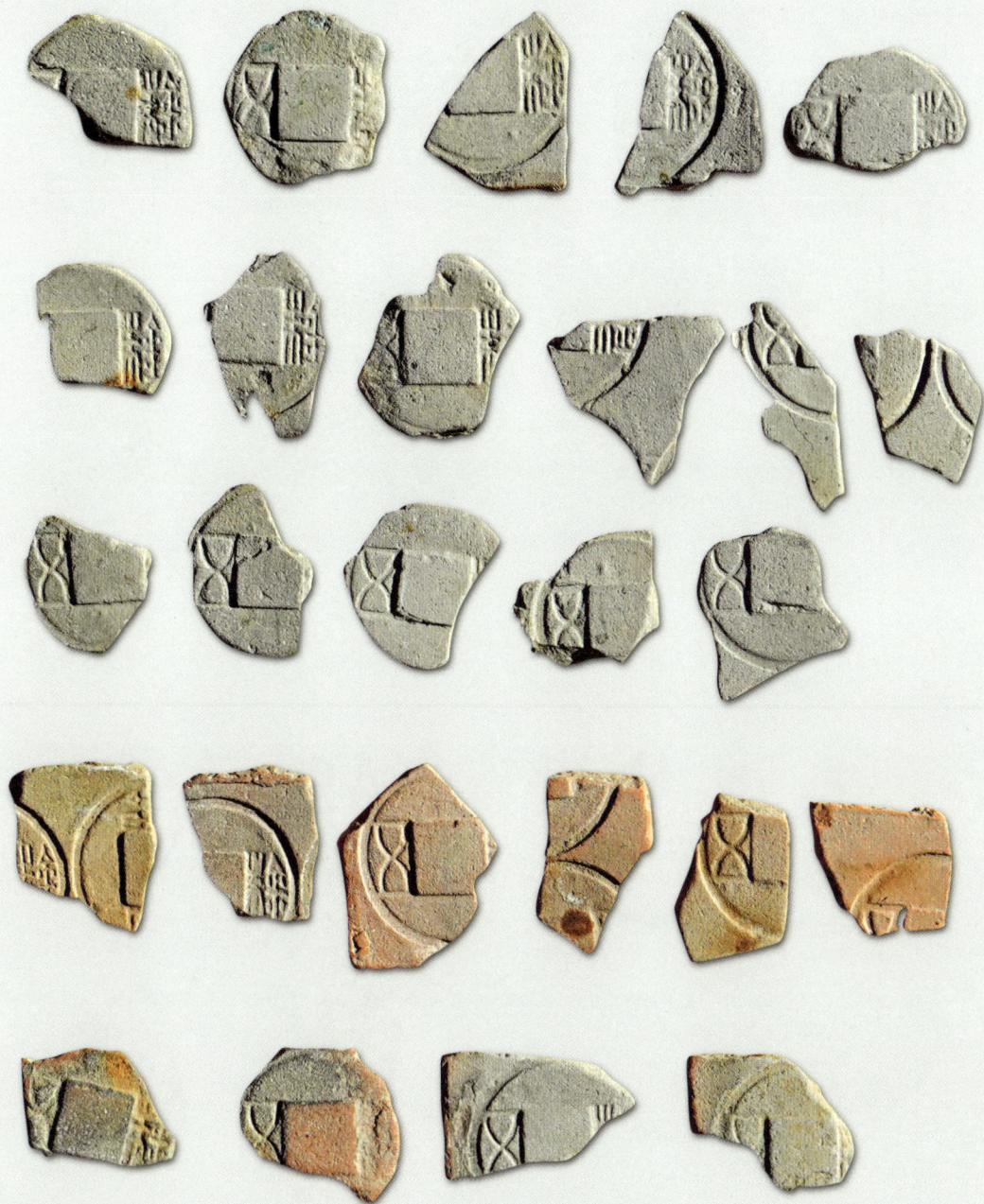

图 2-66 第二批萧梁天监五铢陶范片标本（钱腔直径 25 毫米）

图 2-67   天监五铢陶范"方头朱"类型

图 2-68   天监五铢陶范"圆头朱"类型   图 2-69   天监五铢陶范"瘦长五"与"宽扁五"类型

中国古代铸钱大致可以分为前期的"范铸法"和后期的"翻砂法"两种工艺。范铸工艺是干型硬范铸造，来源于商周青铜器的铸造技术，铸范按材质可分为陶范、石范、铜范和铁范等，其中叠铸法铸钱是范铸法铸钱的最高阶段，也是最后阶段；翻砂工艺是湿型或软型铸造，是中国铸钱业在传统范铸工艺基础上的新发明[83]。学界已经普遍认同，中国在唐宋时期就已经采用了成熟的翻砂法来铸造钱币。

中国古代翻砂铸钱到底起源于何时呢？一直是学界特别关注而又十分棘手的钱币研究难点。

一、研究现状和方法论思考

目前，学界的探索已经把翻砂铸钱的起源追溯到南北朝。在2006年，中国钱币博物馆推出的"中国古代铸钱工艺展"中，就已经明确指出："翻砂铸钱工艺的出现最早可以追溯至北朝。"周卫荣在《翻砂工艺——中国古代铸钱业的重大发明》一文中指出："我国古代的翻砂工艺很可能是在政策宽松的北朝，由民间发明的。""北魏永安五铢钱上已有明显的翻砂工艺特征。"[84]这些探索把中国古代翻砂铸钱的起源推前到北朝，甚至是北魏铸永安五铢时期。出土钱币和历史文献也支撑这些观点。

根据出土实物，在北朝最后的北周就已经出现了翻砂铸钱工艺。1996年夏，陕西西安户县（现鄠邑区）古代铸钱遗址出土了一批北周"五行大布"钱树残枝（图2-70），就是确切的翻砂铸钱遗物。从该批"五行大布"钱树的直浇道和内浇道设置来看，翻制直浇道采用了截面为半圆形的长条模，长条模与母钱同时放置在砂型中，压印出直浇道和钱币空腔，再用小工具拨开直浇道和钱币型腔之间的型砂，形成内浇道，构成完整的浇注系统。这种在型砂上模印直浇道，再拨砂挑出内浇道的铸造遗痕，显示了和范铸法铸钱完全不同的细节特征。这批出土的"五行大布"钱树是明确的北周翻砂铸钱的直接证据。

根据历史文献，北魏大臣高恭之（字道穆）曾在上表中谈到当时的铸钱成本，列举了铸钱工料："论今据古，宜改铸大钱，文载年号，以记其始，则一斤所成止七十六文。铜价至贱五十有余，其中人功、食料、锡、炭、铅、沙，纵复私营，不能自润。直置

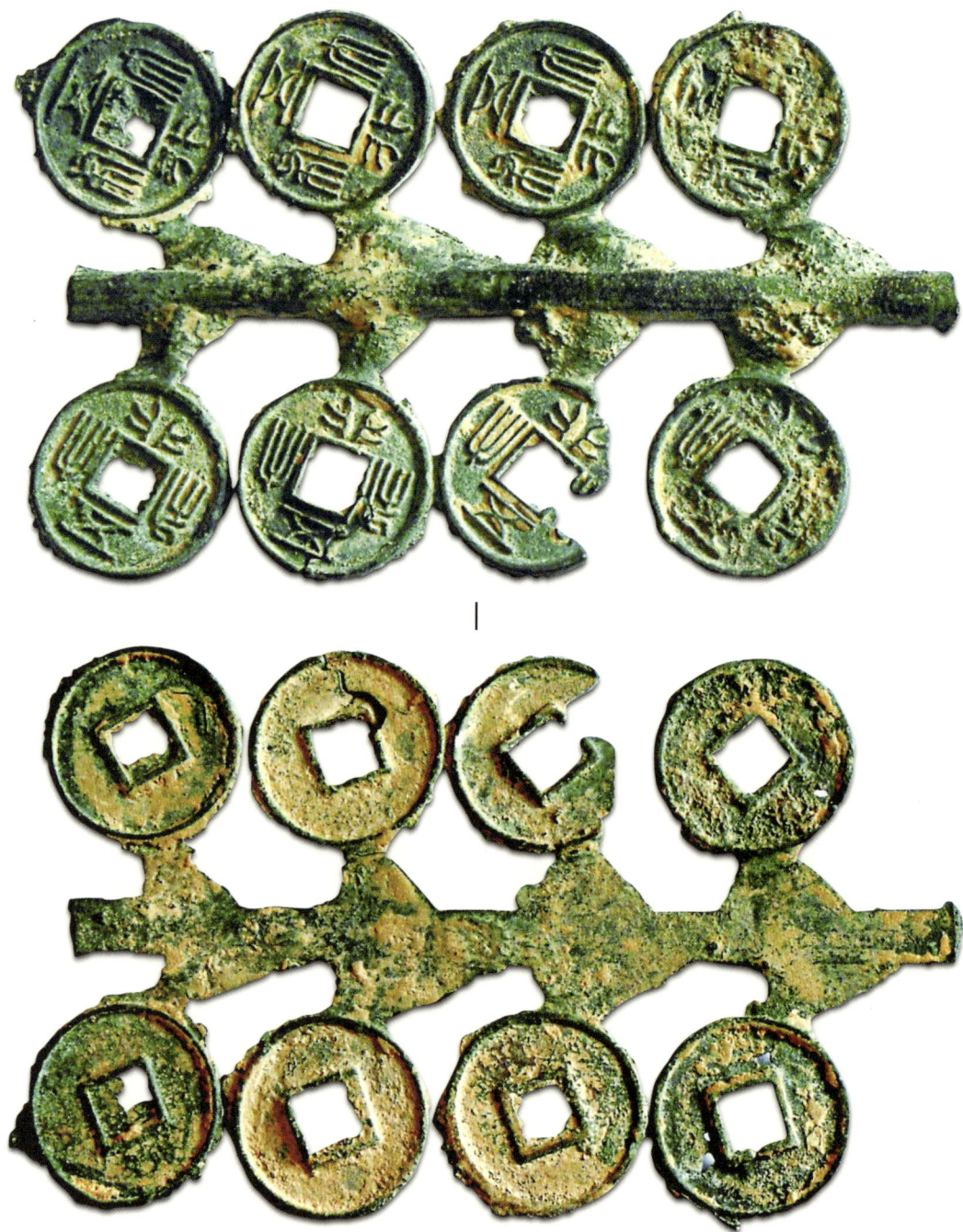

图 2-70　陕西钱币博物馆藏五行大布钱树（钱径约 28 毫米）

无利，自应息心，况复严刑广设也。"[85] 指出了铸钱成本除"人功""食料"外，还有"铜""锡""铅"等金属材料成本，以及熔铜的"炭"和做型范的"沙"等成本。其中，"沙"即是翻砂法中可反复使用的型砂，虽不易消耗，确需一次性大量购买使用，也占有一定的铸钱成本。北魏在这次铸币讨论之后，统治者"后遂用杨侃计，铸永安五铢钱"[86]。《魏书·食货志》亦载："至永安二年（公元529年）秋，诏更改铸，文曰'永安五铢'，官自立炉，起自九月至三年正月而止。"[87] 高恭之的这段上表文字是目前所见典籍中最早谈到翻砂铸钱的史料。杨槐曾发文指出了这段文献的价值，并据此认为："这就从一个侧面证实了至少在北魏时期的铸币场所已经采用了翻砂铸造永安五铢的工艺技术。"[88]

北魏铸造永安五铢钱之前，还先后铸造"太和五铢"和"永平五铢"钱，这两种钱币是否也采用了翻砂铸钱工艺？此外，与北朝并立的南朝，是否也开始了翻砂铸钱？如果有，又是从哪个朝代的哪个具体时间开始的？

目前所限，解答以上问题缺少考古和文献的支撑，须另觅新径。该问题的研究，唯一的线索就只剩下存世的太和五铢和永平五铢等相关钱币实物了，能不能依靠存世钱币携带的铸造痕迹信息来进行研究呢？我们知道，翻砂钱币与范铸钱币分属两种工艺，钱币的铸造痕迹留下各自工艺的特征，两者必然不同，找到翻砂钱币不同于范铸钱币的铸造痕迹特质，就可以据此在相关钱币中找到是否翻砂铸造的证据。

二、翻砂铸钱与范铸钱币铸造痕迹的区别

整体而言，翻砂法铸造的钱币比范铸法铸造的钱币更显粗糙，尤其是钱币的地章。翻砂铸钱中，砂型表面是散砂模压，反映在铸币上，就是钱币表面呈现出粗糙的颗粒砂面；而范铸法铸钱，无论石范、铜范、铁范还是陶范，表面都硬实致密，所铸造钱币的表面也相对平整光洁。中国古代范铸钱币从来不需要"磨面"，而翻砂铸钱在后期加工中一般都增加"磨面"环节，借以打磨掉字面和外缘粗糙的砂面，只有难以打磨的地章还保留着翻砂铸造的砂面痕迹。能不能以钱币地章的粗糙程度来分辨范铸钱币和翻砂铸钱呢？理论上可行，实践中操作难度很大。因为古代范铸钱币和翻砂铸钱各自都经历了数百上千年的发展，自身的铸范、型砂等材料都有相当的变化，很难在钱币表面粗糙程度上找到借以区分两种工艺的准确分界。

铸币正常的表面粗糙程度难以准确区分两种工艺，还有没有其他铸造痕迹特征能显示出两种工艺的区别呢？钱币界早已关注翻砂法铸钱的铸造缺陷在钱币上的状态，其中以铸造缺陷中的"叠纹"和"不规则月纹"为主要关注对象。

　　所谓"叠纹"缺陷，就是钱币表面显示出图案的重复错叠，在翻砂铸钱中多由母钱移动、翻落时，重复压印所致。钱币界一般都认为叠纹是翻砂法铸钱特有的铸造缺陷。其实，范铸钱币中也偶有具备叠纹特征的铸币，如大泉五十（图2-71）、东汉五铢（图2-72）等。这种范铸钱币的叠纹现象，主要出现在叠铸法铸钱的模印环节，存世新莽"大泉五十"叠铸范包中就有叠纹现象的陶范片（图2-73），应是泥片放置在铜范母中模压失误所致。中国钱币博物馆进行的叠铸法铸钱实验中，也模拟出了这种叠纹现象的模印范片（图2-74）。虽然，叠纹现象在范铸钱币中出现很少，但该铸造痕迹不是区别翻砂铸钱和范铸钱币工艺的明确特征。

　　所谓"月纹"缺陷，就是指排除以"月纹"作为固定版式（图2-75）的情况，而由铸造失误所致的偶然月纹。对于这种不固定位置出现的月纹，一般认为是在翻砂铸钱中，母钱掉落在砂型上，母钱的弧形边缘压印出了月牙形痕迹所致，如北周一枚布泉（图2-76），"泉"字上有一长弧形的月纹，破坏了文字的结构，是意外失误所致。这种由于母钱掉落压印的长弧形月纹在范铸法铸钱中是不会出现的，应是区别翻砂铸钱和范铸钱币的一个标志性特征（当然，这里要排除范铸钱币中，由于范体出现裂隙等问题所造成的铸币表面出现脉纹缺陷等情况）。可惜，由于北魏太和五铢和永平五铢钱存世较少，很少能发现这种明确的月纹痕迹。

　　以上，铸币表面粗糙程度、叠纹、月纹等痕迹特征都解决不了当前的问题。

　　在中国钱币博物馆以前进行的翻砂法铸钱实验中，作者对拨砂挑出内浇道的工序印象深刻。砂型在取出母钱和直浇道模后，还需要将直浇道和母钱型腔之间的型砂拨开以形成内浇道（图2-77），因为需手工一一拨除，如果拨砂过度，容易挖深钱币型腔，过多拨除的空间在铸造中被铜水充填，呈现出过深拨砂造成的铸造缺陷（图2-78）。

图2-71　大泉五十背叠纹
（钱径26.5毫米）

图2-72　东汉五铢"五"字叠纹
（钱径25.3毫米）

图 2-73 叠铸范包"十"字叠纹（钱腔直径约 27 毫米）

图 2-74 叠铸法实验叠纹缺陷（钱腔直径 27 毫米）

图 2-75 唐开元通宝钱的固定月纹版式（钱径 25 毫米）

图 2-76 北周布泉翻砂缺陷所致月纹（钱径 26 毫米）

图 2-77　翻砂实验拨砂完成后的砂型（钱腔直径 25 毫米）

（放大）

图 2-78　唐开元通宝钱拨砂缺陷（钱径 25 毫米）

这种拨砂过深造成的拨砂缺陷痕迹，出现的位置相对固定，形状较为标准。拨砂缺陷只出现在钱币的外缘和与外缘相邻的地章上；拨砂痕迹多呈现均匀坡度的一侧沙堆形状，正是拨砂动作斜下运动的反映。拨砂铸造痕迹是翻砂铸钱特有的现象，范铸钱币中是不可能存在的，陶范铸钱中偶然出现的陶范粘砂缺陷与此不同，陶范粘砂是范母与范片在模印分离时出现局部的粘连所致，形状是不规则的，出现位置是随机的。因此，过深拨砂造成的铸造痕迹特征完全可以作为区别翻砂铸钱和范铸钱币两种工艺的标准。

三、拨砂痕迹与南北朝铸币

北魏铸永安五铢时已经采用了翻砂法铸造钱币，北魏大臣高恭之上表建言铸造钱币是在王朝正式铸永安五铢之前，暗示在永安五铢之前，当时的铸钱就采用了"沙"作为工料。在永安五铢之前，北魏铸造太和五铢和永平五铢时，可能已经采用了翻砂铸造技术。《魏书·食货志》记载："魏初至于太和，钱货无所周流，高祖始诏天下用钱焉。十九年（公元495年），冶铸粗备，文曰'太和五铢'，诏京师及诸州镇皆通行之。内外百官禄皆准绢给钱，绢匹为钱二百。在所遣钱工备炉冶，民有欲铸，听就铸之，铜必精练，无所和杂。世宗永平三年（公元510年）冬，又铸五铢钱。"[89] 试以拨砂痕迹为线索，揭示太和五铢和永平五铢是否采用了翻砂工艺。

关于"永平五铢"。学界和收藏界对其认识一直淆乱不清。民国时期，王荫嘉就已经认识到哪种是"北魏宣武帝永平三年"的五铢钱（图2-79）[90]；1949年后，彭信威在其《中国货币史》中明确指出："永平三年（公元510年）另铸五铢，制作稍为规矩一些，但还是生硬，重约三公分四，它的特点是五字的交股作直笔，边缘比以前的五铢阔。""图版二十八……？永平年间的五铢（北魏五铢）"[91] 所附钱币也是正确的永平五铢。

图2-79　王荫嘉点评永平五铢
（钱径20.5毫米）

这是王荫嘉和彭信威贯通钱币学和货币史而显示出的真知灼见。这两位钱币学大家的正确认识在改革开放后并没有被继承，直到1984年陕西咸阳西魏侯义墓出土了西魏大统六年五铢钱[92]，钱币界才在此启发下，结合存世所见相关钱币实物，重新探讨出真正的永平五铢形制特征，林染《关于永平五铢》[93]和王泰初《永平五铢考辨》[94]是其中的代表作。

从存世永平五铢中，作者发现一些具有拨砂过深铸造痕迹的实物。其一，直径2.4厘米，重2.1克（图2-80），拨砂痕迹在钱币正面上缘处，通过外缘蔓延到地章；其二，直径2.35厘米，重1.9克（图2-81），拨砂痕迹在钱币正面下缘处；其三，直径2.4厘米，重1.8克（图2-82），拨砂痕迹在钱币正面左上缘处；其四，直径2.33厘米，重1.65克（图2-83），拨砂痕迹在钱币正面右上缘处；其五，直径2.37厘米，重1.3克（图2-84），拨砂痕迹在钱币正面左缘处；其六，直径2.17厘米，重1.1克（图2-85），拨砂痕迹在钱币正面右缘处。从存世永平五铢看，普遍较为轻薄，可知其砂型钱腔较浅，拨砂时容易拨砂过深，拨破型腔，造成拨砂过深的铸造缺陷。从拨砂的位置看，都出现在外缘和紧邻外缘的地章上，该时期拨砂没有特别固定的方向，不似后来拨砂多出现在避开文字的钱币对角方向。从这些具有拨砂痕迹的永平五铢看，北魏永平三年（公元510年）铸造永平五铢时，确切采用了翻砂工艺。

图2-80　北魏永平五铢拨砂铸痕（一）
（钱径24毫米）

图2-81　北魏永平五铢拨砂铸痕（二）
（钱径23.5毫米）

图2-82　北魏永平五铢拨砂铸痕（三）
（钱径24毫米）

图2-83　北魏永平五铢拨砂铸痕（四）
（钱径23.3毫米）

图2-84　北魏永平五铢拨砂铸痕（五）
（钱径23.7毫米）

图2-85　北魏永平五铢拨砂铸痕（六）
（钱径21.7毫米）

　　北魏最早的铸币太和五铢是否也有这种拨砂痕迹？作者发现一枚背部拨砂痕迹的太和五铢（图 2-86），拨砂痕迹在钱币背面右上角，堆积在外缘倾斜延伸到地章很远的地方，边界清晰，坡度均匀；还有一枚太和五铢（图 2-87）[95]，拨砂痕迹在钱面右上角，拨砂铸痕主要集中在外缘上，呈小沙堆状。这两枚具有拨砂铸造痕迹的钱币，证明了北魏太和十九年（公元 495 年）铸太和五铢时就采用了翻砂工艺。

　　与北朝对立的南朝是否也采用了翻砂铸造工艺？南朝宋和南朝梁钱币都是叠范铸造，而且萧梁叠铸法铸钱是薄薄的双面叠范，比新莽叠范铸造的繁荣期还有所发展，一般认为萧梁叠铸是中国古代叠铸法铸钱的极致，是最后阶段[96]。萧梁之后，南朝陈铸币有"陈五铢"和"太货六铢"。《陈书·世祖纪》记载："（天嘉三年闰二月）甲子，改铸五铢钱。"[97]《隋书·食货志》记载："陈初，承梁丧乱之后，铁钱不行。始梁末又有两柱钱及鹅眼钱，于时人杂用，其价同，但两柱重而鹅眼轻。私家多镕钱，又间以锡铁，兼以粟帛为货。至文帝天嘉五年，改铸五铢。初出，一当鹅眼之十。宣帝太建十一年（公元 579 年），又铸大货六铢，以一当五铢之十，与五铢并行。后还当一，人皆不便。乃相与讹言曰：'六铢钱有不利县官之象。'未几而帝崩，遂废六铢而行五铢。竟至陈亡。"[98]《陈书》和《隋书》记载陈朝天嘉五铢的始铸年代有差别，一为"天嘉三年（公元 562 年）"，一为"天嘉五年（公元 564 年）"，因《陈书》是本纪记载，以《陈书》"天嘉三年（公元 562 年）"作为陈五铢的始铸时间。

　　作者在存世陈五铢中也找到了具有明确拨砂铸造痕迹的实物（图 2-88），该枚陈五铢，直径 2.48 厘米，重 2.6 克，钱面左下角有清晰的过度拨砂所致的铸造痕迹，铸痕从外缘向地章倾斜，似小沙堆。这样拨砂铸痕确切清晰的在存世实物中甚是少见。这种拨砂过深形成的铸造痕迹，证明了南朝陈铸造天嘉五铢时，就已经采用了翻砂铸钱工艺。南朝采用翻砂铸钱技术比北朝晚了六七十年。

图 2-86　北魏太和五铢拨砂铸痕（一）
（钱径约 25 毫米）

图 2-87　北魏太和五铢拨砂铸痕（二）
（钱径约 25 毫米）

（放大）

图 2-88　南朝陈五铢拨砂铸痕
（钱径 24.8 毫米）

　　北魏孝文帝是中国历史上著名的改革家，他的改革是全方位的，涉及政治、经济、文化和生活的多个方面，尤其是在太和十八年（公元 494 年）正式宣布迁都洛阳后，继续进行制度变革。公元 495 年，即北魏建国一百余年后（公元 386 年建国），开始了北魏王朝的第一次铸币，铸行太和五铢钱。由于当时处于大分裂大动荡的时代，距统一王朝的正式铸币历时久远，当时工匠很可能因陋就简，传承过去范铸法的遗义，发展出用料更省、效率更高的翻砂法来铸造钱币。北魏孝文帝迁都洛阳后即铸造钱币，当时铸币机构很可能就在新都洛阳及附近地区。孝文帝改革的"汉化"倾向明显，翻砂法这种新工艺应是当时洛阳地区汉族铸造工匠的发明创造。从某种意义上讲，采用翻砂工艺铸造货币，是北魏孝文帝全面变革在货币和铸造技术领域的体现，是北魏孝文帝改革的组成部分。

　　概言之，根据对南北朝考古、文献和存世钱币实物综合梳理辨析，并以存世钱币实物拨砂铸造痕迹为突破口，发现中国古代翻砂铸钱最晚起源于北魏铸造太和五铢的太和十九年，即公元 495 年；稍后北魏永平三年（公元 510 年）铸造永平五铢，也采用了翻砂铸造工艺。南朝采用翻砂铸钱技术比北朝晚了六七十年，在陈文帝天嘉三年（公元 562 年）铸陈五铢时，也采用了翻砂铸钱技术。北魏采用翻砂法铸造钱币发生在孝文帝迁都洛阳之后，在中原洛阳地区实现的，是孝文帝改革大时代背景下的产物。

　　（原文见杨君、周卫荣：《中国古代翻砂铸钱起源年代考——以钱币铸造痕迹为中心》，《中国钱币》2017 年第 6 期。本文略有修订）

注释:

[1] 郑瑞峰:《喀喇沁旗发现战国铅母范》,《中国钱币》1987年第4期。

[2] 陕西省钱币学会编著:《秦汉钱范》,三秦出版社,1992年,第38页。

[3] 张海云:《陕西临潼油王村发现秦"半两"铜母范》,《中国钱币》1987年第4期。

[4] 张秀夫:《河北平泉的汉半两铅母范》,《中国钱币》1987年第4期。

[5] 陕西省钱币学会编著:《秦汉钱范》,三秦出版社,1992年,第79页。

[6] 《中国钱币大辞典》编纂委员会编:《中国钱币大辞典·秦汉编》,中华书局,1998年,第656页。

[7] 咸阳市博物馆:《咸阳市近年发现的一批秦汉遗物》,《考古》1973年第3期。原大拓图见陕西省钱币学会编著:《秦汉钱范》,三秦出版社,1992年,第49页。关于钱模直径,《考古》记载为"钱径约2厘米",《秦汉钱范》记载为"钱模径2.3厘米",存在明显差异,此处选取《秦汉钱范》数据。

[8] 陕西省钱币学会编著:《秦汉钱范》,三秦出版社,1992年,第55页。

[9] 上海博物馆青铜器研究部编:《上海博物馆藏钱币·钱范》,上海书画出版社,1994年,第125页。

[10] 《中国钱币大辞典》编纂委员会编:《中国钱币大辞典·魏晋南北朝隋编·唐五代十国编》,中华书局,2003年,第78页。

[11] 陈显双:《成都市出土"太平百钱"铜母范——兼谈"太平百钱"的年代》,《文物》1981年第10期。

[12] 上海博物馆青铜器研究部编:《上海博物馆藏钱币·钱范》,上海书画出版社,1994年,第443页。

[13] 范卫红:《南京出萧梁钱范、铁钱初识》,《中国钱币》2000年第2期。

[14] 陕西省钱币学会编著:《秦汉钱范》,三秦出版社,1992年,第38页。

[15] （清）陈介祺,邓实辑:《簠斋吉金录》（钱币卷）,民国七年（1918年）刊,"范六"。另见陕西省钱币学会编著:《秦汉钱范》,三秦出版社,1992年,第266页。

[16] 周卫荣:《齐刀铜范母与叠铸工艺》,《中国钱币》2002年第2期。

[17] （汉）司马迁撰:《史记》（卷三十,平准书第八）,中华书局,1982年,第1417页。

[18] （汉）司马迁撰:《史记》（卷三十,平准书第八）,中华书局,1982年,第1417、1419页。

[19] （汉）班固撰:《汉书》（卷二十四下,食货志第四下）,中华书局,1962年,第1152页。

[20] 陕西省钱币学会编著:《秦汉钱范》,三秦出版社,1992年,第75页。

[21] （民国）刘体智编:《小校经阁金文拓本》（卷十四）,1935年,第34页。

[22] 陕西省钱币学会编著:《秦汉钱范》,三秦出版社,1992年,第233页。

[23] 《中国嘉德2005春季拍卖会——中国历代古钱币、银锭、铜镜》图册,第5031号拍品。

[24] 陕西省钱币学会、西安钱币学会编著:《新莽钱范》,三秦出版社,1996年,第87页。

[25] 上海博物馆青铜器研究部编:《上海博物馆藏钱币·钱范》,上海书画出版社,1994年,第222页。

[26] 陕西省钱币学会、西安钱币学会编著:《新莽钱范》,三秦出版社,1996年,第265页。

[27] （汉）班固撰:《汉书》（卷九十九下,王莽传第六十九下）,中华书局,1962年,第4193页。

[28] （南朝宋）范晔撰、（唐）李贤等注:《后汉书》（卷十一,刘玄刘盆子列传第一,刘玄传）,中华书局,1965年,第469、470、475页。

[29] （民国）刘体智编:《小校经阁金文拓本》（卷十四）,1935年,第43、44页。

[30] 丁福保编:《古钱大辞典》（编者自序于1936年）,中华书局,1982年,第1478页。

[31] 丁福保原编、马定祥批注:《马定祥批注〈历代古钱图说〉》,上海人民出版社,1992年,第56页。

[32] 彭信威:《中国货币史》,上海人民出版社,2007年,第89页。

[33] 陕西省钱币学会编著:《秦汉钱范》,三秦出版社,1992年,第34页（彩色图12）、第201页（拓片图）。

[34] 陕西省钱币学会编著：《秦汉钱范》，三秦出版社，1992年，第217页（拓片图）。

[35] （民国）刘体智编：《小校经阁金文拓本》（卷十四），1935年，第46页。该铜范母拓片后刊入《秦汉钱范》，本文图片采自《秦汉钱范》。附注：陕西省钱币学会编著：《秦汉钱范》，三秦出版社，1992年，第284页（拓片图）。

[36] 陕西省钱币学会、西安钱币学会编著：《新莽钱范》，三秦出版社，1996年，第11页（彩图2）、第270页（拓片图）。

[37] 上海博物馆青铜器研究部编：《上海博物馆藏钱币·钱范》，上海书画出版社，1994年，第129、130页。

[38] 陕西省钱币学会编著：《秦汉钱范》，三秦出版社，1992年，第33页（彩色图11）、第215页（拓片图）。

[39] 上海博物馆青铜器研究部编：《上海博物馆藏钱币·秦汉钱币》，上海书画出版社，1994年，第192页，760号钱币。拓片图下标注为："五铢3.5克"。

[40] （汉）班固撰：《汉书》（卷九十九下，王莽传第六十九下），中华书局，1962年，第4193页。

[41] （南朝宋）范晔撰、（唐）李贤等注：《后汉书》（卷十一，刘玄刘盆子列传第一，刘玄传），中华书局，1965年，第475页。

[42] （汉）班固撰：《汉书》（卷十九上，百官公卿表第七上），中华书局，1962年，第735页。

[43] 西安文物保护修复中心编著，姜宝莲、秦建明主编：《汉钟官铸钱遗址》，科学出版社，2004年，第113页，彩图三三。

[44] 昭乌达盟文物工作站、宁城县文化馆：《辽宁宁城县黑城古城王莽钱范作坊遗址的发现》，《文物》1977年第12期。

[45] 杨君、周卫荣：《汉代叠范铸钱发展历程考索》，《中国钱币》2006年第2期。

[46] 陕西省钱币学会、西安钱币学会编著：《新莽钱范》，三秦出版社，1996年，第32页（彩图23）、第351页（拓片图）。

[47] （民国）刘体智编：《小校经阁金文拓本》（卷十四），1935年，第84页。

[48] 上海博物馆青铜器研究部编：《上海博物馆藏钱币·钱范》，上海书画出版社，1994年，第326、327页。

[49] 陕西省钱币学会编著：《秦汉钱范》，三秦出版社，1992年，第261页（拓片图）。该书引罗振玉《古器物范图录》，铭文纪年释读为"建昭五年三月乙酉"。作者根据拓片仔细辨认，"五年"释读为"三年"较为允当，即该陶母范阳文铭文为"建昭三年（公元前36年）三月乙酉"。

[50] （南朝宋）范晔撰、（唐）李贤等注：《后汉书》（卷二十四，马援列传第十四），中华书局，1965年，第837页。

[51] （汉）班固撰：《汉书》（卷二十四下，食货志第四下），中华书局，1962年，第1185页。

[52] （唐）魏徵、令狐德棻撰：《隋书》（卷二十四，志第十九，食货），中华书局，1973年，第689、690页。

[53] （南朝梁）顾烜撰、邹誌谅辑：《顾烜钱谱辑佚》，《中国钱币文献丛书》（第一辑），上海古籍出版社，1994年，第5页。

[54] 卢嘉锡总主编、丘光明等著：《中国科学技术史·度量衡卷》，科学出版社，2001年，第284页。

[55] 卢嘉锡总主编、丘光明等著：《中国科学技术史·度量衡卷》，科学出版社，2001年，第288页。

[56] 卢嘉锡总主编、丘光明等著：《中国科学技术史·度量衡卷》，科学出版社，2001年，第250页。

[57] （清）翁树培：《古泉汇考》（中国公共图书馆古籍文献珍本汇刊），中华全国图书馆文献缩微复制中心，1994年，第540页。

[58] （清）翁树培：《古泉汇考》（中国公共图书馆古籍文献珍本汇刊），中华全国图书馆文献缩微复制中心，1994年，第540、541页。

[59] 卢嘉锡总主编、丘光明等著：《中国科学技术史·度量衡卷》，科学出版社，2001年，第424页。

[60] 卢嘉锡总主编、丘光明等著：《中国科学技术史·度量衡卷》，科学出版社，2001年，第430页。

[61] 牛群生（刊物误为"牛群兰"）：《北周内郭五铢钱》，《陕西金融·钱币研究》2000年2月。

[62] 《中国钱币大辞典》编纂委员会编：《中国钱币大辞典·魏晋南北朝隋编·唐五代十国编》，中华书局，2003年，第107页。

[63] 方若：《言钱别录》，戊辰（1928年）九月付印，第7、8页。

[64] 丁福保编：《古钱大辞典》（上编），中华书局，1982年，第215页。

[65] 丁福保原编、马定祥批注：《马定祥批注〈历代古钱图说〉》，上海人民出版社，1992年，第62页。

[66] 罗伯昭：《所谓天监五铢之疑问》，《泉币》（第一期），上海书店，1988年，第28页。

[67] 彭信威：《中国货币史》，上海人民出版社，2007年，第162页。

[68] 刘建国：《论梁五铢与公式女钱——从镇江萧梁铸钱遗址的发现谈起》，《中国钱币》1999年第2期；镇江古城考古所：《镇江市萧梁铸钱遗迹发掘简报》，《中国钱币》1999年第3期。

[69] 周祥：《上海博物馆所藏萧梁五铢叠铸陶钱范——兼论天监五铢与公式女钱》，《六朝货币与铸钱工艺研究》，凤凰出版社，2005年，第19页。

[70] 上海博物馆青铜器研究部编：《上海博物馆藏钱币·钱范》，上海书画出版社，1994年，第401、402页。

[71] 郑家相：《梁五铢土范图说叙言》，《泉币》（第七期），上海书店，1988年，第35、36页。

[72] 邵磊：《梁铸公式女钱考述——兼论南京出土的公式女钱范》，《南方文物》1998年第4期。

[73] 杨君、周卫荣：《汉代叠范铸钱发展历程考索》，《中国钱币》2006年第2期。

[74] 屠燕治：《杭州西湖发现三国孙吴铸钱遗物》，《中国钱币》2001年第1期。

[75] 刘兴：《江苏句容县发现东吴铸钱遗物》，《文物》1983年第1期。

[76] （晋）陈寿撰：《三国志》（卷四十七，吴书，吴主传第二），中华书局，1982年，第1140页。

[77] 杨君、周卫荣：《中国古代翻砂铸钱起源年代考——以钱币铸造痕迹为中心》，《中国钱币》2017年第6期。

[78] 邵磊、范卫红：《元嘉四铢钱范探究》，《中国钱币》2002年第2期。

[79] 邵磊：《梁铸公式女钱考述——兼论南京出土的公式女钱范》，《南方文物》1998年第4期。

[80] （南朝梁）萧子显撰：《南齐书》（卷三十七，列传第十八，刘悛），中华书局，1972年，第653页。

[81] 最早见于网络帖子——"梁武帝女钱出锅记"（原创：水工家丁、捕泉手）的披露，网址：https://mp.weixin.qq.com/s?__biz=MzU2MTQxNTE2OQ%3D%3D&idx=1&mid=2247483671&sn=fcf64476f19410a349dadce1078eb4cd。主要内容为："2018年1月11日，南京朝天宫惊现一口铁锅子，锅子里粘满了钱坨子，据说此锅是出土于瓦官寺的齐梁遗物……钱山清理完毕……出现了20枚公式女钱。"经作者仔细比对辨认，与以前所出公式女钱陶范的钱币形制一致，是真正的萧梁"公式女钱"。

[82] （南朝梁）顾烜撰、邹誌谅辑：《顾烜钱谱辑佚》，《中国钱币文献丛书》（第一辑），上海古籍出版社，1994年，第6页。

[83] 周卫荣：《翻砂工艺——中国古代铸钱业的重大发明》，《中国钱币》2009年第3期。

[84] 周卫荣：《翻砂工艺——中国古代铸钱业的重大发明》，《中国钱币》2009年第3期。

[85] （北齐）魏收撰：《魏书》（卷七十七，列传第六十五，高崇），中华书局，1974年，第1716页。需要指出的是，中华书局点校本该段的句读出现了错误，误将"锡、炭、铅、沙"各自独立的铸钱材料，合成了"锡炭、铅沙"。本文引用时已经改正。

[86] （北齐）魏收撰：《魏书》（卷七十七，列传第六十五，高崇），中华书局，1974年，第1716页。

[87]　（北齐）魏收撰：《魏书》（卷一百一十，食货志），中华书局，1974年，第2865、2866页。

[88]　杨槐：《北魏永安五铢砂型铸造的一条历史记载》，《中国钱币》2014年第3期。杨槐引文中已经使用了正确的句读。

[89]　（北齐）魏收撰：《魏书》（卷一百一十，食货志），中华书局，1974年，第2863页。

[90]　江苏省钱币学会、浙江省博物馆马定祥中国钱币研究中心、苏州市钱币学会编，邹誌谅辑注，陈浩校：《王荫嘉品泉续录》，上海古籍出版社，1998年，第29页。

[91]　彭信威：《中国货币史》，上海人民出版社，2007年，第163页，图版三十八。

[92]　咸阳市文管会、咸阳博物馆：《咸阳市胡家沟西魏侯义墓清理简报》，《文物》1987年第12期。

[93]　林染：《关于永平五铢》，《陕西金融》1995年10月。

[94]　王泰初：《永平五铢考辨》，《陕西金融》1998年9月。

[95]　图2-86、图2-87由天眷堂代为寻找提供。

[96]　中国钱币学会古代钱币委员会、江苏省钱币学会：《六朝货币与铸钱工艺研究》，凤凰出版社，2005年。

[97]　（唐）姚思廉撰：《陈书》（卷三，本纪第三，世祖），中华书局，1972年，第55页。

[98]　（唐）魏徵、令狐德棻撰：《隋书》（卷二十四，志第十九，食货），中华书局，1973年，第690页。

後園造銀錢

附录（Appendix）

中国古代铸造
钱币流程

The Processes of Ancient
Chinese Coin Casting

中国古代铸造钱币流程

一、石范铸钱流程简述

　　石范铸钱是战国时期出现的铸造钱币工艺，因采用了石头作为钱范的材质而得名。内蒙古包头曾出土赵国铸钱的"安阳"石范，是石范铸钱的标志性文物。

　　石范铸钱属于较为简单原始的铸钱工艺。石范铸钱先要开采出适合作为铸范的石料，将其切割成一定厚度的平板形状，并按照钱范的要求制作出外形。

　　选取外形一样的两件石板，磨平钱范石材的表面，准备刻制面范和背范。

　　在面范上刻画出钱币范腔轮廓，在钱形首部开凿出用于浇注铜水的浇口和浇道，再根据所铸造钱币的厚度挖刻出钱币范腔。平整钱腔底部，在上面反刻出阴文的钱币文字。

　　在背范上也刻画出与面范钱腔对应的钱币轮廓，但不需挖刻钱腔，仅在钱形中刻画出三条阴文竖线，做加强筋之用。

　　加工完钱范的面部，一般还要在石范背面刻制网格状凹槽，来释放铸造应力，延长钱范使用寿命；在侧面刻制一条平行于范面的凹槽，既释放应力，又方便铸钱时持握开合钱范。

　　面范和背范在正式浇铸钱币时，一般要用油烟熏范，在钱范表面制作出耐高温的隔离层，这样既可以提高铸币质量，又能增加钱范的使用次数。

　　正背石范浇注面两两扣合，正好是一套铸范。夹紧正背范，浇口向上，准备浇铸。

　　配制青铜合金原料。以赵国安阳方足布为例，大致以 65% 的铜、20% 的铅和 15% 的锡，准备好熔铸青铜原料。将青铜原料装入炭炉中的坩埚内，熔化成青铜熔液，准备浇铸钱币。

　　用长柄钳子夹取坩埚，对准石范浇注青铜熔液。

　　待铸件冷却后，分开石范，取出钱树，掰取钱币成品，完成铸造。先秦铸钱都不需要打磨钱币，钱币从钱树掰下后即可流通行用。

二、叠铸法铸钱流程简述

　　叠铸法铸钱发明于西汉初期，是中国古代范铸法铸钱工艺发展的高级阶段。叠铸法铸钱将正背范竖式浇铸的传统工艺，变成几十块范水平叠放浇铸的新工艺，大大提高了铸钱效率。

　　叠铸法铸钱首先要制作翻印泥范片的铜范母。以陕西西安杜城荚钱铸钱遗存为例，由于荚钱形制简单，可直接用匀净透气的陶坯刻制阴文的陶面范和陶背范，将其两两扣合便可浇铸出铜范母。

　　[补：若是铸造形制复杂些的五铢钱，则难以刻制出精细准确的阴文陶面范，五铢钱叠铸铜范母的制作工艺要增加制作石质祖模等环节。具体工艺流程：选取细腻又易于加工的石材，刻制钱腔、钱币文字、直浇道孔和内浇道，制作出祖模（阴文）。再压印翻制出细腻的泥质阳模，阴干、烘干后变为结实的陶母模（阳文），将陶母模压印出泥母范（阴文），阴干、烘干后变成陶母范（阴文），这是面范的制作工艺；背范制作要更简单些，可以刻制陶背范，也可以简单制模压印。将制作好的陶母范面范和背范，浇铸出铜范母（阳文）。]

　　制作好铜范母后，就要配制泥料，准备制作叠铸范片了。

　　选取合适的黏土、细砂配制泥料，经过反复练泥后，在背阴处放置一段时间，进行省（xǐng）泥。

　　省泥完成后，就可以制作叠铸范片了。首先，将准备好的泥料均匀压入铜范母，使泥料完全充填铜范母的每一处空隙。然后，刮平泥料，取出泥范片。如是操作，制作出第二枚泥范片、第三枚泥范片……如果铜范母不需要有钱币（如半两钱）背面缘郭设置的，就可以顺次叠放压印出的泥范片；如果铜范母上有所铸钱币正面和背面设置的，则要将压印出的泥范片，每两枚面面相对扣合，形成完整的一套泥范组合，再将每一套泥范组合垂直叠放，中心的直浇道孔相连，直至叠放数十套泥范。

　　将稻壳、草茎掺入泥料，制作出草拌泥。把草拌泥按一定厚度均匀涂抹在叠放的泥范周身，最后在糊满草拌泥的泥范顶端制作出倒锥形的浇口杯，连通直浇道。从而，制作出完整的泥范包。

　　在泥范包的浇口杯放置泥盖，避免杂物进入泥范包影响铸钱质量，将泥范包进行阴干。

　　将充分阴干的泥范包放入窑炉，进行烘干。泥范包经烘干后成为陶范包，待温度降至室温后，取出范包顶部防灰的陶盖，完成浇铸前的准备。

　　配制青铜合金。大致以85%的铜、10%的铅和5%锡配制合金（以新莽钱为例）。将青铜原料装入炭炉中的坩埚内，熔化成青铜熔液，准备浇铸钱币。

用金属钳子夹取坩埚，对准陶范包，均匀浇注青铜熔液。

待浇铸完成后，敲破陶范包，露出一层层的叠铸钱树，从钱树上依次掰取钱币，从而制作出可以流通的叠铸钱币成品。西汉荚钱不需要打磨钱币，荚钱从钱树上掰下后即可流通使用。

三、翻砂铸钱流程简述——以明清铸造黄铜钱为例

翻砂铸钱是中国古代的一项重大发明，北魏铸造太和五铢时就开始采用翻砂铸钱工艺，后世沿用。

翻砂铸钱首先要准备平整光滑的翻砂操作台面。明清时期，苏州生产的"金砖"因为光洁耐磨，往往被中央铸钱局作为"托砂翻模"的平台使用。

将方形的木质砂箱放在金砖上。用筛子在砂箱内筛撒木灰，再筛撒细些的型砂，最后大量填入普通型砂，用夯杵将型砂舂紧压实，用板刮平。将砂箱翻转过来，接触金砖的木灰层朝上。

将准备好的母钱和直浇道模放置在平整的型砂灰层表面，先放直浇道模，再在直浇道模两侧规整排布母钱。摆放结束后，在砂箱上套置第二个空砂箱；用筛子在母钱上轻轻筛撒一层木灰，再在上面筛撒细些的型砂，然后填入普通型砂，用夯杵均匀舂压；将型砂舂紧夯实后，用板刮平。

将这两个套合的砂箱一起正背翻转过来，再向上垂直抬出最初的砂箱。这样，母钱和直浇道模就在重力作用下自然落入下面的砂箱。在有母钱和直浇道模的砂箱上套入第三个空砂箱，轻撒木灰于母钱和直浇道模上，筛撒细砂入箱，再填入普通型砂，舂紧夯实，刮除余砂。再同时正背翻转这两个砂箱，向上垂直抬出顶部砂箱，母钱和直浇道模落入下面的砂箱。然后，在有母钱和直浇道模的砂箱上套入第四个空砂箱，轻撒木灰于母钱和直浇道模上，筛撒细砂入箱，再填入普通型砂，舂紧夯实，刮除余砂。再同时翻转这两个砂箱，向上垂直抬出顶部砂箱。如是，反复操作。

模印好的砂箱依次平放在一边，等待拨砂。在模印出钱腔和直浇道的砂箱上，用"U"形薄片刮刀拨出直浇道与钱腔之间，以及钱腔与钱腔之间的内浇道，制作出完整的浇注系统。

将拨出内浇道的砂箱按最初的模印顺序，两两扣合，依次倾斜放置（利于浇注排气），排成一整排后，用大石块等重物将砂箱压紧，避免浇注时涨箱跑火。

将四火黄铜（明代万历年间）装入炭炉中的坩埚内，高温熔化。四火黄铜是用炉甘石四次点化红铜而成，明代铸钱局直接购买四火黄铜成品用于铸钱。明代天启年间，采用红铜锭与锌锭配炼黄铜铸钱，并一直沿用到清代。

　　待坩埚内的合金熔化后，用长柄铁钳夹取坩埚，对准砂箱浇口杯，依次将整排砂箱浇注黄铜熔液。

　　打开砂箱，取出钱树，掰取铜钱。

　　将掰下的铜钱穿入方形铁条中，堵住两端，形成圆棍，在两块大磨石中滚动锉磨。

　　将锉磨滚边后的铜钱取出，再用磨石锉磨钱币表面，去除钱币表面的砂痕，磨亮钱币，这样就制作出可以行用的铜钱了。

后 记（Postscript）

后记是写在最后，却是追溯前缘的文字。书稿甫就，饮水思源，感慨系之！

二十年前的 2003 年 11 月，作者在读研究生，有幸参加了中国钱币学会在南京召开的"六朝货币与铸钱工艺学术研讨会"，针对铸钱术语使用混乱的情况，有学者提议组织编写铸钱术语标准，种下了作者最早的编纂铸钱术语的因缘。2006 年 3 月，中国钱币博物馆举办"中国古代铸钱工艺展"，作者参与了展览筹备的整个过程，对铸钱术语标准需求有了更深刻的认识。2019 年 9 月，中国钱币学会、中国考古学会秦汉考古专业委员会联合举办"中国古代铸钱工艺及其专业名词术语"研讨会，会上我们正式提出要编纂一本古代铸钱术语图鉴类书籍，旨在规范古代钱币铸造术语，改变当前钱币铸造术语使用混乱的局面，切实推动学界在钱币铸造领域的研究。

作者以国家标准《铸造术语》（GB/T 5611—1998）等为基础，参考国内外铸造术语、铸造机械术语、铸造缺陷术语领域的资料，结合中国古代铸钱文献，首先撰写完成《中国古代铸钱术语》文字稿，附录在周卫荣馆长等人的专著《中国古代钱币铸造工艺研究》（2022 年 9 月出版），可以视为撰写铸钱术语图解的阶段性成果。有图有真相，鉴于古代铸钱术语的专业性和复杂性，为清晰、透彻地给读者呈现古代铸钱术语的内容，我们拍摄、收集了关于古代铸钱的大量高清实物照片，作为图释附录在各个铸钱术语项下，作为该书的主要内容。此外，作者将自己在铸钱范畴的钱币研究论文精选数篇，作为铸钱术语应用的示例，方便读者在研究场景中理解领会古代铸钱术语。希望该书的推出，能为钱币铸造学的发展和完善奠基一级台阶。

这本《中国古代钱币铸造术语图解》能够完成，要感谢周卫荣馆长，是他把我领进钱币铸造学的大门。周馆长是中国古代钱币铸造研究领域的领军人物，多年来以模拟实验的方式研究论证中国古代各种铸钱工艺。我参与了他主持的石范铸钱、铜范铸钱、叠铸法铸钱、翻砂法铸钱等主要古代铸钱工艺类型的模拟实验，正是周馆长"巨人的肩膀"，才使我得窥古代铸钱门径，有所心得和领悟。该书的完成，还要感谢我的博士生导师王昌燧教授。王昌燧教授是中国科技考古领域的先驱，他的科技考古学理念和父亲般的关心爱护，引导我不断前行。我能做出一点儿成绩，要感谢中国钱币博物馆、中国钱币学会，归功于这个卓越平台的成就。我还要感谢有关博物馆（院）、考古所（院）的专家学者们和钱币收藏家们不吝提供高清铸钱图片，正是他（她）们的贡献，才使我们的铸钱术语图解尽可能集大成，庶几反映这个时代铸钱研究的水平。

掩卷深思，完成的只能代表过去，任何作品都会有遗憾，这本铸钱术语图解也不例外，总会有缺陷和不足，希望得道方家多多赐教。

在本书的出版过程中，科学出版社的孙莉、董苗女士给予了倾力支持，并付出了辛勤劳动；校对、美编、印刷环节的同志们认真负责，保障了该书的顺利出版，在此深谢！

杨 君

2024 新春写于京华泉微堂